U0576054

寻味广东

林小蓉 著

北京出版集团公司
北京出版社

寻味广东

〜〜　南粤大地，素来是一片神奇的热土。

〜〜　她曾是蛮荒之地，僻处天涯，传闻这里连瘴气也能杀人。无数遭遇贬谪的官宦凄凉南去，思归不得，魂断南岭。

〜〜　改革开放的壮举，编织了一段南粤的传奇岁月。粤人、粤语、粤歌、粤菜呼啸北上，席卷华夏大地。比如粤菜，在全国遍地开花，粤菜馆的"即点""即宰""即烹""即食"的"四即"食风风靡全国，至今犹盛。

〜〜　近代以来，南粤开风气之先，风起云涌，纵横捭阖，风骚独领，令世人瞩目。如何看待粤菜和粤菜在中国八大菜系中的地位，恐怕是早有定论的；如何欣赏和品尝粤菜，也不需要莫衷一是的指引；

如何炮制精美的粤菜，这是厨师的事情。作为一个土生土长的粤人，作者只对粤人生活中的普通粤菜和粤菜里普通的粤人精神感兴趣，因为这才是普通的南粤人文和精神风貌，是粤人的脉络骨血和接地气的百味人生，是烟尘俗世中的真实岭南。或者，这就是本书《寻味广东》的缘起。

《寻味广东》全书分五部分，分别是："珠水之畔，那羊城上空流转的鲜活""东江客家，唇齿间忆念的一点故土情""潮水往复处，细品那韩江的清韵""美食之乡，一座叫佛山的商贸重镇""粤西风情，瞧那餐桌上的五彩斑斓"，作者试图以广州菜、东江菜和潮菜等菜肴的朴实点滴勾画粤菜最平实的脉络，从寻常粤人的一粥一饭一羹一肴中去触摸粤人勤勉、务实、坦荡、率真、开拓、创新的精神，体味粤人生活的生猛鲜活。一句话，如果能用味蕾沟通灵魂，那就是《寻味广东》这本书的微薄价值所在了。

本书特色如下。

★实用：本书罗列了广东各个地方最具代表性的美食，并推荐了当地最合适的店面，实用性强。

★全面：无论是山珍海味，还是街头小吃，作者通过这些美食讲述了广东的饮食文化，让读者更全面地了解广东味道。

★美味：每一种菜肴作者都记录了它独特的味道，但它们都有一个共同点，那就是美味，让人留恋。

目 寻味广东

CONTENT

录

Part ① 珠水之畔，那羊城上空流转的鲜活

作为享誉中华乃至世界的"美食之都"，羊城的美食多如过江之鲫，看似样样不足以代表羊城，实则样样足以代表羊城。"食在广州"，如雷贯耳！

Part ❷ 东江客家，唇齿间忆念的一点故土情

岭南名郡，东江惠州。江水穿城而过，流淌进客家人的躯体，蓄养成客家文化的血液。这血液里，秉承的是唐宋遗风，就如饮食，史册称"全是汉家风味"。

Part ③ 潮水往复处，细品那韩江的清韵

潮州，是一座神奇的城市，是一座能走进你心坎的历史名城，是一座能牵绊你舌尖、胃肠的美食之都，尤其是后者，海鲜、素菜、甜食，千百年来，上演着一场又一场从不曾让人失望的饕餮盛宴。

Part ④ 美食之乡，一座叫佛山的商贸重镇

佛山，著名的"美食之乡"。这里的小吃，兜着历史的记忆，见证着城市的前世今生，隐匿在大街小巷，融进了芸芸众生的骨血，用远近驰名和历史悠久演绎它们各自的精彩和民众生存的智慧。

Part ⑤ 粤西风情，那舌尖上的五彩斑斓

我所喜欢的粤西，是中国最大的水果生产基地；我所喜欢的粤西，有漫长的海岸线。所以走进粤西，其实就是走进了五彩斑斓的美食世界。

神岗镇

●白云国际机场

福和镇

蚌湖镇

镇龙镇

朱村镇

广州市增城东林果业园 ●

南海渔村（天河分店）●
●沙河大饭店
●沈生汤馆（华乐路店）
伍湛记（龙津东路店）
●泮溪酒家 ●黄振龙凉茶
●白天鹅宾馆
●东江海鲜酒家（广州大道南店）
●顺记冰室
●有间糖水铺
陶陶居（第十甫店）

沙埔镇

化龙镇

望牛墩镇

莲花山镇

洪梅镇

荔城美食 ●

沙田镇

Part 1

珠水之畔，那羊城上空流转的鲜活

作为享誉中华乃至世界的"美食之都"，羊城的美食多如过江之鲫，看似样样不足以代表羊城，实则样样足以代表羊城。"食在广州"，如雷贯耳！

白切鸡，
一道菜肴的真面目

店　　　名：泮溪酒家
地　　　址：广州市荔湾区龙津西路 151 号
电　　　话：020–81815955/81832659
推荐指数：★ ★ ★ ★ ★

粤人喜欢吃鸡，在粤菜中，与鸡有关的菜肴数不胜数。如果非要选出哪一味菜肴来作为粤菜的代表，恐怕非白切鸡莫属。白切鸡又叫白斩鸡，在粤人心目中，它占据着独一无二的地位。

白切鸡的历史究竟有多悠久，很惭愧我是真的不知道。不过清代美食家袁枚在《随园食单》中称之为"白片鸡"，言道"鸡功最巨，诸菜赖之，故令羽族之首……"白切鸡的历史，或许可以追溯到清代。而对我个人而言，白切鸡的历史等同于我生命的长度。记得在那个物资匮乏的年代，一只白切鸡就代表一个节日。在过去的许多年里，有一个相同的片段反复地上演：除夕夜，年夜饭还没有上桌，一只光鸡在母亲的巧手倒腾下散发着诱人的香味。只见砧板摆开，母亲亲手切分这最能代表年节的佳肴。我可怜巴巴地蹲在砧板旁边，咽着口水，看着母亲将白切鸡斩开装盘。
她偶尔悄悄将一小块鸡胸肉递给我，我感激涕零，赶紧将
鸡肉塞进嘴里，并调动所有的感官来品尝这一小块难能可
贵的美味。母亲装盘完毕后砧板上残留着哪怕是白切鸡的
一小块皮，我都如获至宝。岁月流转，光阴或许能带走许
多老旧的情结，但白切鸡的风光依旧，不管是在城市还是
在乡村，不管是红白喜事还是朋友聚会，白切鸡依旧雄踞
菜单之首。

　　曾经有许多外地朋友问我，他们不明白为什么那碟大
腿骨带着血，红彤彤极其瘆人的白切鸡在岭南能流传这么
久，得到这么多人的青睐。我也曾经"简单、粗暴"地用
"美味"二字打发了我的朋友们。当年岁渐长，当舌尖滚过

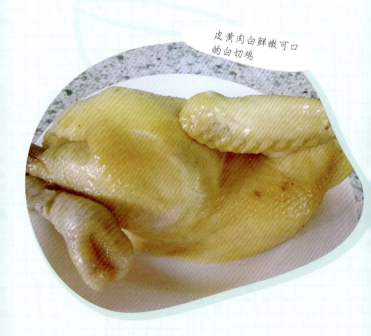

皮黄肉白鲜嫩可口
的白切鸡

清淡纯正的白
切鸡

无数种滋味，我渐渐领悟，因为这道菜不仅有历史、有意义、有味道，更有性格。

白切鸡采用的是体重不超过 1 千克的走地鸡，洗净后在微微沸腾的水中煮 15 分钟，期间将鸡提起两次。然后将其在水中冷却，待表皮干后拌以熟花生油，如此，一道皮滑、肉嫩、骨香的白切鸡就做成了，最后斩块上碟，蘸料食之。白切鸡的做法从来不同于其他的鸡肴，它所讲究的是要突出走地鸡本身鲜美清甜的"鸡味"。有些人，比如我，在吃白切鸡的时候，甚至连蘸料都不需要。每每当我喜滋滋地大快朵颐时，总会有人煞风景地问我，"你这么吃有味道吗？"我只能叹笑说："太有味道了！"因为这才是粤菜的精髓：越清淡，味道越纯正。我们所享受的，就是纯正的清淡鲜美。所以，白切鸡的味道就是整整一个菜系的味道，这个味道，足以奠定它在粤菜中的地位。

记得著名学者赵衍先生说："味道是有个性的。"我猜不透这句话的深意，但依然认为白切鸡也是有个性的。当一碟白切鸡上桌，当筷子举起，这道菜的好或者不好，都无从掩饰。它不像其他的菜肴，如果主料不好，或许可以通过辅料和烹饪的手段来遮掩食材的不如意。但白切鸡不能，它毫无遮拦地袒露在食客面前，坦然接受各种评判。这不是个性是什么？我喜欢这样的个性，率真、坦荡，不拐弯抹角，不文过饰非。食客和菜肴的沟通只需坦诚相对就足够。或许，这也正是炮制这道菜肴的粤人的个性！

这道白切鸡暗藏的"密码"，让我一如既往地坚持。如果来到粤地，请务必品尝这道能展现粤菜和粤人风貌的菜肴。当然，在鸡无鸡味、肉无肉味、鱼无鱼味的今天，要品尝一道地道的白切鸡并不容易，好在粤地省会广州有许多老店、名店仍保留着这门手艺，比如泮溪酒家。

广州城的泮溪酒家是中国最大的园林酒家，它与景观秀丽的荔枝湾公园相邻。泮溪酒家的白切鸡肉质鲜美，味道天然，曾获商务部优质产品"金鼎奖"，实在是值得一尝的至鲜至清至简的美味。

白切鸡蘸料——葱头花生油

蛇羹，让人惊骇的极致美味

店　　名：荔城美食
地　　址：广州市番禺区光明北路延长段东沙村东沙天桥
电　　话：020-34515777
推荐指数：★★★★☆

提起蛇羹，多年前血腥的一幕又陡然出现在我的眼前。秋日的黄昏，落日染黄青灰色的屋檐。面带笑容的表哥手里忙活着，将一条肥美的蛇剥皮、洗净。一会儿，他又随手宰杀了一只乌鸡。看着他动作娴熟、心

色、味俱佳的蛇羹

蛇羹，极致鲜美

情愉悦的样子，再看看青色麻石板上渐渐凝固的血污，我只觉得手心发凉，终于忍不住在一旁干呕。入夜之后，家人端了一小碗羹汤给我。羹汤味道之鲜美难以言表，以至于我要求再来一碗，可表哥的表情似笑非笑，似有些讥讽的意思。他说，告诉你吧，这羹汤名头可大了，叫"龙凤羹"。我当时不明白，直到许多天后，家人无意中提起，那道让我念念不忘的羹汤，居然就是由那条扭曲的蛇和乌鸡炮制而成的。明白了真相的我，霎时憎恶、惊恐，但又忘不了那味蕾上极致的鲜美。我从来都不知道，一道菜肴，竟能在我的脑海里烙上这样深刻而复杂的印记，以至多年不忘。

或者真的是扯远了，我不该带着个人的喜恶去谈论蛇羹，尽管这道菜素来充满争议。其实，粤人吃蛇的历史悠久。汉代《淮南子》记载："越人得蚺蛇，以为上肴。"明代李时珍《本草纲目》中记载有"南人嗜蛇"。到了近代，有一个人称"蛇王满"的捕蛇能手吴满，在广州开了第一家蛇餐馆，后来，名菜"龙虎斗"一时名噪。于是，蛇宴成了粤菜中最引人注目也最招惹是非的菜肴。因此，"广东人什么都敢吃"的看法便形成了，且日益根深蒂固。但也正是这些杂博丰富的食材，让粤人研究出了各种让人瞠目的菜肴吸引了大批来自各地的食客。

其实，何止是蛇，禾虫、龙虱、田鼠、蜂蛹等也都成了粤人盘中的佳肴。如果因此就下了"粤人野蛮"的论断，恐怕是片面的，因为地理位置优越的缘故，粤地物产资源丰富，食材可谓应有尽有，就如清代诗人岭南名家屈大均所言："天下所有之食货，粤东几近有之。粤东所有之食货，天下未必尽有也。"美味引来各种食客，或猎奇或"畏食"，自然赞美、批评、不理解，各种态度让人应接不暇。

粤人素来讲求药食同源，《神农本草经》有记录："吃蛇能补中益气，祛风活血。"故而粤人吃蛇，一是为了满足口舌之欲，二是养生之需，因而吃蛇成了司空见惯的小事。我以为，吃什么也许是不要紧的，因为地缘、历史、观念的缘故，饮食差异在所难免，只要我曾经历的血腥能淡化，只要能吃得健康、吃得环保、吃得绿色、吃得和谐，也就宽容一点吧！

当秋风又起时，三蛇肥了，专门吃蛇的食府——荔城美食炉火正旺，有人还会邀约再来吗？其实，来或者不来，又有什么关系呢？就如喜好或者憎恶，都有着各自的理由！

补中益气的蛇羹

白云猪手，雅俗共赏的美食

店　　名：沙河大饭店
地　　址：广州市天河区先烈东路 318 号
电　　话：020–37236788
推荐指数：★★★★★

很多人乍一看"白云猪手"这道菜名，都忍不住觉得这是一对喜感的组合。白云，象征着飘逸和高洁；而猪手，即猪蹄，粤人称猪前蹄为猪手，猪后蹄为猪脚，不过就是食材中的一介俗物，实在登不得大雅之堂。但"白云"和"猪手"的组合，却成就了一道粤菜中的著名菜式，这道雅俗共赏的美食，满足了粤地寻常百姓的口腹之欲。

说起"白云猪手"，免不了要说一个有趣的小故事。这个故事发生在享有"羊城第一秀"盛誉的南粤名山白云山。白云山上的一座寺庙里有一个调皮、馋嘴的小和尚，因日日茹素，深感寡淡无味。一日，小和尚趁老和尚下山，居然寻来了一只猪手，准备美餐一顿。可不巧，老和尚回来了，小和尚懊恼无比，情急之下，将猪手丢在一泓清泉里。

爽口有嚼劲的白云猪手

数日之后，小和尚发现从清泉里捞出来的猪手竟然白净得出奇，丝毫没有腐烂的迹象。他赶忙将猪手放入锅里，添了些糖和白醋一起煲煮。他惊喜地发现，猪手皮脆肉爽，不肥不腻，酸甜可口，妙不可言。这道菜因诞生在广州城名山——白云山，且猪手洁白如云，故菜名曰"白云猪手"。"白云猪手"最大的功臣——那一泓神奇的清泉——九龙泉，自然成了食客心中的"圣泉"。这个故事虽然是传说，但也不无依据，《番禺县志》就记载了九龙泉，这九龙泉矿物质丰富，水质甘滑，清澈冷冽，确实有助于化解肥腻。

每次想起这个小故事，我总是忍俊不禁。笑故事中的小和尚虽然遁入空门，但也免不了要受到口腹之欲的折磨，也正因此，"白云猪手"才能够走进千万寻常百姓家。

粤地人家对白云猪手的青睐不是个别的。白云猪手酸甜可口，干净爽脆，不肥不腻，契合粤人崇尚清淡饮食的特点。自然，向来注重药食同源的粤人对猪手也一往情深，中医素来秉持"以形补形"的食疗观点，认为进食猪蹄能补人的双脚。清代著名的食疗养生著作《随息居饮食谱》认为猪蹄能"填肾精而健腰脚，滋胃液以润皮肤，长肌肉可愈漏，助血脉能充乳液，较肉大补"。可见，适当进食猪手益处不少，且男女老少咸宜。

在广州城，几乎所有的酒楼都设有"白云猪手"这道菜式，可见其受欢迎的程度。广州沙河大饭店的"白云猪手"据说依旧采用白云山的山泉水进行浸泡，其色洁白，其味酸甜，有嚼劲却又爽口，让人吃得根本停不下口。如此健康美味且颇有几分谐趣意味的菜式，实在应该亲临沙河大饭店好好尝尝的。

洁白酸甜的白云猪手

白灼沙虾，极简主义的舌尖体验

店　　名：东江海鲜酒家（广州大道南店）
地　　址：广州市海珠区广州大道南9号
电　　话：020–84297510
推荐指数：★★★★★

造物主对南粤青睐有加。粤地境内，岛屿众多，江河交叉，湖海纵横。古往今来，粤人就地取材，海鲜河鲜成了餐桌上的常客。粤人因时因地制宜，以鲜活生猛的海鲜河鲜为原材料，用最简约的烹调手段保留海鲜河鲜最自然的滋味，极简主义的清淡、鲜美，是味蕾的终极追求。也因为这样，粤人的舌头变得无比刁钻和挑剔，简直就是品味食物的利器，友人娴就是这样的一个人。我突然想念她，不知道出国多年的她舌头是否依然灵敏。

这一天，我突然接到了一个电话。居然是娴，她回来了！我在电话里调皮地问她，跟她同去的舌头是否跟她同归。她说舌头一直都在！互相调侃一番之后，我准备在家中为她做一顿海鲜大餐。

菜市场的海鲜区热闹非常。沙虾个头大，濑尿虾肥美，螃蟹生猛，扇贝、花甲、花螺、青口蛏子、元贝、多宝鱼、石斑鱼、泥猛鱼一应俱全，刚开了刀的马鲛鱼肉色还泛着银灰色的光泽。

从菜市场回来，娴缠着我，非要一道白灼沙虾不可。我突然想起，白灼沙虾向来是娴已经过世的母亲的拿手菜。而娴，在出国之前，最喜欢的海鲜菜式就是白灼沙虾。热锅里的水开了，我下了料酒和姜葱，并将挑去虾线、剪去须的沙虾下锅，盖了锅盖，用中火煮，两分钟后将煮熟的沙虾捞起，放进了盛满冰水的盆中。过了一会儿，再将冰水中的沙虾捞起放进了第二盆冰水中冰镇着。趁着这空当，我做好了调料。

一个多小时过去了，白灼沙虾、粉丝蒸扇贝、姜葱炒蛏子、香煎马鲛鱼、沙白冬瓜汤上桌。两个女人还兴致勃勃地开了一瓶淡酒助兴，尽管我不能多沾酒精。满桌海

色泽艳丽的白灼沙虾

鲜让娴乐开了花，看她开足了火力进攻白灼沙虾的样子，我哂笑，她边吃边点头，去头、剥壳、蘸酱，其动作熟练依旧，且丝毫不嫌弃我那半桶水的厨艺。"好，是记忆中的鲜、甜、嫩！"这么高的赞誉让我惊讶，忙说，哪里有你说的这么好？再说了，粤菜满世界都是，还饿了你不成？她沉默了半晌，突然停下手里的筷子，幽幽一笑，"你知道的，'橘生淮南则为橘，生于淮北则为枳！'但你真不知道，这么多年我做梦都想吃到这样的白灼沙虾！因为只有回来了，这白灼沙虾才有这味道！"我歉然一笑，拍了拍她的手背。我知道，她所需要的，她所惦念的，确实是这白灼沙虾里最纯粹和朴实本真的食材味道，因为没有烦琐的烹饪程序，不需要过多足以掩盖食物原味的调料，这极简主义的吃法，真的是她小时候熟悉的鲜甜的味道，更是

纯粹本真的白灼沙虾
蘸上调料汁更美味

鲜甜无比的野生大虾

家乡的味道，母亲的味道！

　　娴不欲延续这略带伤感的情绪，她大笑，继续"战斗"，说好不容易回来一趟，一定要吃个够本。是的，一定要吃个够本，没有一个粤人会主动放弃、主动遗忘这舌尖上的至鲜至美。

　　在广州，海鲜酒家可以说是遍地开花，且各有绝招，均能将海鲜的"至鲜至美"勾勒得一丝不苟，清楚明晰，充满了励志经历的东江海鲜酒家便是其中的佼佼者。东江海鲜酒家以海鲜为主，追求的是"清中求鲜，淡中带美"，完全契合极简主义所讲究的清淡、鲜美。因此，若得了空闲，不妨前去尝尝，算是对自己辛劳的一次犒赏吧。

濑尿虾，恶俗的名字，极致的美味

店　　名：南海渔村（天河分店）
地　　址：广州市天河区天河路 299 号广州天河体育中心东门
电　　话：020-38796888
推荐指数：★★★★★

夕阳余晖映照着远处往复的潮水。浅滩上，红树林护卫着一方水土。无数白鹭鸟在红树林上盘旋、栖息，悠闲自在。许多孩子还在滩涂上玩耍，夕照剪着他们的身影，留下俏皮的印记。忽有一个孩子猛地往脚下的泥洞狠狠一踩，一只濑尿虾随着一股水流从不远处一个泥洞里呈一条抛物线完美射出。孩子欣喜无比，将性情暴烈的虾捡起往背后的篓子一扔，帅气地转身回家。

那会儿的我们，只需要家长将捕获的濑尿虾往蒸锅里一扔，数分钟之后，一顿美味就有了，无须油无须盐，只需要用唇齿、用心去慢慢体味那美到骨子里的滋味。那是大自然的馈赠，所以我们用最神圣、最简单的法子答谢造物主的恩赐。

当岁月流逝，当环境污染成为不能回避的事实，当人类对自然界过度地贪婪捕捞，当红树林和白鹭鸟的相依相偎黯然退场，当滩涂变得寂静无声，昔日濑尿虾的故事也不再上演。应该庆幸的是，聪明的人类对于美味的无止境追求，使得濑尿虾饲养成了产业，使人类舌尖上的传奇得以延续。

兴许很多人还不知道，濑尿虾又叫虾蛄，也叫皮皮虾，甚至还叫撒尿虾、拉尿虾。它长相凶猛，名字恶俗，且一身硬壳让初次尝试品尝它的人无从下手。其实，濑尿虾是沿海百姓最寻常也是最喜欢的菜肴之一，它的味道极其鲜美，每年的 10 月份到次年的 4 月份是吃濑尿虾的季节，在这几个月中，濑尿虾的肉质饱满，鲜美诱人，价格也低廉。更重要的是，濑尿虾还有通络止痛、养血固精的功效，营养价值极高，绝对是不可错过的一道佳肴。如果想自己动手，不妨从菜市场买一两斤鲜活的濑尿虾，用做白灼沙虾

肉质饱满的
濑尿虾

差不多的方法，以热锅烧开水，加入姜、葱和料酒，将濑尿虾下锅，数分钟后，一道原汁原味的美味濑尿虾就成了。

当然，"食不厌精，脍不厌细"的粤人对于濑尿虾的口味追求已经不再局限于仅仅白灼而已，清焖、椒盐、香辣、干煸，甚至是茂名的酒炒濑尿虾，都可以，追求的不过就是极致的美味。

但在我脑海里，在我的舌尖上，我最眷恋的，依然是昔日最熟悉的白灼野生濑尿虾的味道。虽然岁月不能往复，追忆却不受限制。如果在将来的某一天，当红树林日渐茂密，当白鹭鸟依旧悠闲，当滩涂又现孩子快乐的身影，兴许那才是濑尿虾留给我的最真切、最值得期待的味道。

广州的南海渔村是羊城人吃海鲜的好去处。渔村的食材新鲜，斤两足够，清蒸最好。这濑尿虾的滋味，或许可以在这大都市的"渔村"里找到一些舌尖上的岁月印记。

鲜美诱人的濑尿虾

螃蟹，"独沽一味"，独得风流

店　　名：南海渔村（天河分店）
地　　址：广州市天河区天河路 299 号广州天河体育中心东门
电　　话：020–38796888
推荐指数：★★★★★

国人吃食螃蟹的历史悠久。古往今来，上至帝王将相，下至贩夫走卒，莫不对螃蟹情有独钟。粤人自然也不例外。粤人吃螃蟹，与《红楼梦》中描绘的"吃螃蟹，赋菊花诗"这等魏晋以来形成的以闲情逸趣为特征的文化享受现象似乎没有多大关系，粤人吃螃蟹，纯属是对食物纯味的敬重和追求。所以，粤人吃螃蟹，一是喜欢"独沽一味"，二是讲究"适时而食"。

在粤地，螃蟹的烹饪方法多种多样，如清蒸螃蟹、姜葱炒螃蟹、盐焗蟹、螃蟹粉丝煲等。但清蒸螃蟹是粤地最流行的吃法。原因很简单，只有清蒸才能最大限度地保留螃蟹的原味，才能在清中见美，淡中求真。粤人在吃清蒸螃蟹时有两个嗜好，一是喜欢单一的"螃蟹宴"，以免螃蟹的鲜美被其他食物所干扰，以致许多粤人甚至连蘸料都不

清中见美的螃蟹

需要；二是在吃螃蟹的时候喜欢独自一人品尝，哪怕是友人聚齐了一起吃螃蟹，在螃蟹上手的那一刻，也会不自觉地安静下来，以便能更专注地感受蟹肉的清甜鲜美。这或许就是"独沽一味"中"独"字的真意吧！粤人吃螃蟹也根本不需要所谓的蟹八件或者蟹六件，双手和唇齿是吃螃蟹最好的工具。这会儿，千万不要笑话粤人不懂得吃螃蟹，恰恰相反，正是粤人崇尚自然、平实求真的性格，才有这洒脱通透的行为举动。

　　粤人吃螃蟹不仅吃得奔放自然，而且深得"适时而食"的真谛。俗话说，"秋风起，蟹脚痒；菊花开，闻蟹来"，亦有美食家说："秋天以吃螃蟹为最隆重之事。"秋天的螃蟹固然是最细嫩鲜美的，但在粤地，几乎四季皆能享受这天赐的美味。一月可以吃重壳蟹，这会儿的螃蟹身上有硬、软双层外壳，肉体丰实，肉厚膏黄，肉质鲜嫩，营养价值极高，是螃蟹中的珍品；到了三月，最年轻的青蟹即奄仔肉质纯良清爽，美味至极，就如张小娴所说"吃蟹多年……竟然发现奄仔蟹才是最好吃的蟹"；再后来，黑奄仔更甜美；到五六月份，青蟹成熟了，这又是粤人可以大快朵颐的时候了；待到秋风起，粤人的餐桌上自然又是另一番景象……似这等"适时而食"的饮食理念，既顺应了时节，又满足了对美味的追求。我想，这灵活变通的饮食理念，是不是粤人骨子里平实创新性格的体现呢？

南海渔村环境优雅，菜品精致，菜式主打海鲜，食材足够新鲜，色香味俱全，到这吃螃蟹一定错不了。

"独得风流"的螃蟹

外表生猛，肉质细嫩
的螃蟹

今天你"饮咗茶未"

店　　名：白天鹅宾馆
地　　址：广州市荔湾区沙面南街 1 号
电　　话：020-81886968
推荐指数：★★★★★

关于美食，大学者林语堂有一句话让人印象深刻："一个美好的早晨，躺在床上，屈指算算生活中真正令人快乐的事情时，一个聪明人会发现，食是第一样。"我想，粤人对这句话的认可度应该是最高的，因为粤人一天的美好生活，就从"饮茶"开始，即"饮早茶"。

所谓的"饮茶"，指的是上茶楼饮茶。但"饮茶"的重点不在于"茶"，而在于"茶点"，说白了就是比较随意地"吃饭"。粤人"饮茶"可说得上历史悠久。早在清代咸丰、同治年间就有了"饮茶"的记载，如："去二厘馆饮餐茶，茶钱二厘不多花。糕饼样样都抵食，最能顶肚不花假。"所谓"二厘馆"，就是羊城早期的茶居。随着岁月的流逝，粤人"饮茶"的场所越来越高档，从"二厘馆"到茶楼，再到今天华丽的现代酒楼，茶点也越来越丰富。粤人对"饮

白天鹅宾馆的园林景致

茶"的喜好，也日益浓盛，"饮咗茶未"成了"老广"常用的问候语。从"饮早茶"到"下午茶"，再到"夜茶"，粤人一天的生活，就被"两饭"（午饭和晚饭）和"三茶"贯穿起来，将"民以食为天"演绎得淋漓尽致。

粤人的饮茶，从早上六七点钟开始。一大早，经营茶市的酒楼已经热气腾腾，人声鼎沸。许多退休老人或两两做伴，或三五成群，哪怕单独一个人也没有关系，"一盅两件"外加一份报纸，一天的惬意生活就开始了，这就是所谓的"叹早茶"，"叹"就是"享受"的意思。再晚些，酒楼越来越热闹了，或是友朋茶聚，或是洽谈生意，或是闲聊消遣，或是交流信息。若是遇上休息日，许多酒楼还会出现一座难求的盛况，迟来的粤人取号排位，不烦不躁，正在享受茶点的茶客也不紧不慢。

至于在饮早茶的时段吃点什么，并不重要，可以是一

精巧雅致的虾饺

碗白粥就咸菜，也可以是一杯豆浆一根油条，当然也可以是虾饺、烧卖、萝卜糕，外加一碟白灼菜心，可谓丰俭由人。服务员们推着点心车，来回穿梭，随时满足食客的需求。当然，眼下许多酒楼抛弃了以往的经营模式，一张点菜单，什么小点、中点、大点、特点、超点、顶点，一应俱全，食客一勾一划即可。不一会儿，点心上桌，味蕾开始工作，直至尽兴。这中间，不需要讲排场，不需要觥筹交错，不需要铺垫客套，随心随性，惬意即可。

说到这，还真不能不介绍食客眼中心底的早茶"宠儿"了，比如"豉汁凤爪"，比如"蒸排骨"。

"豉汁凤爪"肯定是饮早茶时必点的点心，它卖相好，鸡爪被炸得金黄金黄的，通常会用红绿两个辣椒圈随意点缀，亮眼得很。点心入口，豉汁浓香，铺在碟底的花生米被蒸得软糯。凤爪就更加诱人了，轻轻一咬，皮与骨头轻易就剥离了，那爽口的皮和酥脆的骨头香得简直能令食客连自己的舌头都吞进肚子里去，没有办法，为了解馋，只好补单，再来一碟豉汁凤爪。

"蒸排骨"的"上座率"也极高，"蒸排骨"或者是"豆豉蒜香蒸排骨"，又或是"香芋蒸排骨"，前者肉嫩蒜香，红色辣椒圈不仅仅带来鲜艳的色彩，还给唇齿添上一点点辣；后者香芋丁铺碟，外绵内粉、肉香浓郁，排骨则吸了芋香，风情别具。

当然，除了"豉汁凤爪""蒸排骨"以外，还有"金钱肚""蟹黄烧卖""虾饺""糯米鸡"等，都是食客的"心水"之选。若不信，不妨环顾左右，就知道上言不虚了。既然提到了虾饺和烧卖，少不得要推荐一个饮早茶的绝佳去处——白天鹅宾馆。它是我国第一家中外合资的五星级宾馆，其园林式设计富有人文气息。当然，在"吃货"眼里，肉汁鲜美、拥有艺术造型且满满都是"老广的味道"的虾饺和烧卖更是他们的"心水"选择。

如果错过了饮早茶的时间，没有关系，还有"下午茶""夜茶"。特别是"夜茶"，是一天劳累倦怠之后休闲放松的开始，而"食在广州"的魅力，也才真正拉开序幕。

金黄香脆的咸水角

广式点心，
粤人的骄傲

店　　名：陶陶居（第十甫店）
地　　址：广州市荔湾区第十甫路 20 号
电　　话：020-81396111
推荐指数：★★★★★

羊城是誉满全球的"美食之都"，不说粤菜，也不说百年老字号，就单单广式点心，已经让世人惊艳。

所谓广式点心，便是以岭南小吃为基础，广泛汲取其他地区面点以及西方糕饼的技艺，而独树一帜的饮食精品，它与京式点心、苏式点心一起并称中国点心三大流派。据保守估算，广式点心至少有上千种之多，稳居全国点心种类之首，其中最著名的点心有号称"四大天王"的虾饺、干蒸烧卖、叉烧包和蛋挞。

虾饺是广式点心的佼佼者，是粤地茶楼酒家从不缺席的传统美点。它外形精巧雅致，皮白如雪，色泽清爽，入口爽滑，滋味清美，诱人无比。客人上了酒楼饮茶，不点一笼"秀外慧中"的虾饺，还真是愧对自己呢。

干蒸烧卖的历史又比虾饺久远了一些，它以水、鸡蛋液和面做皮，以猪肉、虾肉和冬菇做馅，然后捏成石榴花的形状，上面还点缀着蟹黄。一口咬下去，皮是软的，馅是爽的，还有甜美的汁液，实在是粤地酒楼中的人气点心。

皮软馅爽的烧卖

能看到叉烧肉的叉烧包

滑嫩香甜的椰汁红腰豆糕深受粤人喜爱

　　叉烧包是广式点心中最常见、最大众化的，它的外形就像是塞满了叉烧馅的开花馒头，松软的包皮，鲜香的内馅，大人小孩莫不喜爱，于是成就了它最受欢迎点心的美誉。如果虾饺、干蒸烧卖仅仅是满足了味蕾的饥渴，那么，再来一笼叉烧包，就两全其美了。

　　蛋挞是一种以蛋浆做馅的西式馅饼，最能体现广式点心兼容并包的精神，它的外皮松脆，内馅香甜，入口后蛋奶香浓，但甜而不腻，让人吃了一个忍不住还想再来一个。

　　这广式点心的"四大天王"虽然是饮茶时的首选，但广式点心的花园可说得上是百花齐放且姹紫嫣红各有特色，如"细韧香滑"晶莹清甜的马蹄糕、皮薄爽韧的粉果、咸香脆韧的咸水角、浓郁香醇的椰汁腰豆糕、入口爽脆的牛百叶……林林总总一千多款，一口气哪能说得过来？既然说不过来，那就带上舌头一款一款地去品尝好了！

　　说到品尝广式点心的地方，羊城广州多的是好去处。老字号茶楼陶陶居自然是不能错过的。一来陶陶居历史悠久，"百年"二字丝毫不掺假，"陶陶居"三字还是清末维新变法的领袖康有为所题；二来陶陶居饮食文化浓厚，在羊城饮食界的"江湖地位"可谓举足轻重，早在1993年，陶陶居便被有关部门授予了"中华老字号"的称号，数年后又被批准为"国家特级酒家"，在这里可以品尝到最地道的广式早茶。不到陶陶居，便不知道羊城饮茶的热闹，排位在陶陶居是常态，如果做好了等待的准备，就上陶陶居饮茶去吧！

皮薄馅靓的潮州粉果

一碗粥也是粤人的宏大叙事

店　　名：伍湛记（龙津东路店）
地　　址：广州市荔湾区龙津东路 871 号
电　　话：020-81881194
推荐指数：★ ★ ★ ★ ★

在中国，"粥"的历史源远流长。据说粥是黄帝发明的，《古史考》中便有记载。汉代时，粥还多了一个药用功能，《史记》说得清楚，西汉名医淳于意"用火齐粥"以"治齐王病"。清代养生家更以为"食粥祛病……享大寿"。可见粥在中国传统文化中已经上升到了养生的高度，具备了浓厚的人文色彩。

粤人深谙粥文化的精妙，并将粥文化演绎得出神入化。或许是南粤地处亚热带，气候炎热的缘故，粤人素来喜好食粥，以及时补充营养和身体流失的水分。但粤人食粥，其养生之功效，名目之众多，制作之精细，让人叹为观止。

粤人食粥，通常会根据身体的需要来选择粥品，比如要滋阴清热，不妨来碗皮蛋瘦肉粥；如果需要养肠胃，来碗小米粥比较合适；如果是胡吃海喝，肠胃不适，来碗白

稍加点缀就可以让粥看起来更诱人

粥可解腻；如果是夏日炎炎，没有胃口，绿豆粥是再合适不过的了；如果想要除尘清肺，猪红粥能满足需求……智慧的粤人将医药的知识渗透到生活的一粥一饭中。挑剔的粤人食粥，除了追求养生功效，自然还得追求口感。如能补脾胃益气血的牛肉粥咸香肉滑；补骨固齿的柴鱼花生粥浓而不腻，淡而不薄，适合小朋友进食；补中益气兼有好彩头的及第粥味鲜香厚；老少咸宜的艇仔粥芳香四溢，细滑软绵……这琳琅满目的粥品，用料广泛，美味各异。

　　说到粥品的制作，绝对不能不提各种生滚粥的粥底——明火白粥。粤人对明火白粥的用心，绝对不亚于任何一道名菜，要不然，一碗看起来平淡无奇的明火白粥也不可能成为广州十大名小吃之一。粤人的明火白粥，选米是第一位的，非新米不选，否则黏性不够，粥水也不够白净；然后是淘米，淘米得适度，要兼顾卫生和营养成分的保留两方面；第三是将米浸泡半个小时后沥干待煮；第四是合理搭配水和米的比例；第五是煲粥的器皿必须是瓦煲，

鲜美可口的螃蟹粥

否则就欠了滋味；第六是火候，必须得武火煲滚，文火煲透，历时将近一个半小时……等到一锅香气四溢的白粥煮成了，还不能急着进食，等白粥静置冷却之后，慢慢地捞起粥面那一层细腻、黏稠、形如膏油的物质——"米油"给家中需要进补的老人或者孩子进食，然后就可好好地享用这一锅明火白粥了。这会儿，唇舌上香滑清润自然，会让人忘却这碗白粥的来之不易。粤人之所以青睐白粥，除了白粥口感绵嫩软滑甘香可口之外，还因为白粥滋补元气，清理肠胃，润泽肝腑。瞧瞧，最终还是回到了养生的话题来。

善于发现商机的粤人自然是不会放过在"粥"上做"文章"的机会，具有数十年历史的"伍湛记"便是羊城中专做"粥文章"的翘楚。地处闹市西关的"伍湛记"粥品制作精良，味道鲜美，地道正宗，是名副其实的"粥专家"。在这里，不管是白粥、艇仔粥还是招牌"及第粥"，都是让人欲罢不能的粤式美食。

　　如果来到南粤，请千万不要忘记了，在羊城的大街小巷，去寻访一碗粥的魅力，因为哪怕仅仅是一碗粥，也是粤人饮食文化的精髓。

甘香滋补的明火白粥

香浓美味的皮蛋瘦肉粥

粤女生涯的四碗汤

店　　名：沈生汤馆（华乐路店）
地　　址：广州市越秀区华乐路 27 号 1 层
电　　话：020–83883388
推荐指数：★★★★★

如果来到南粤，细心的朋友会发现粤人生活中有一个高频字眼：汤！它简直就像神一般存在于南粤的每一个角落。家庭主妇见面，会问今晚煲了什么靓汤；上酒楼吃饭，点菜的服务员问的第一句话就是喝什么汤；先生应酬，太太会在家炖好汤水候着；母亲去看望单身的儿女，会心疼地埋怨，没有汤水滋润怎么行？晚餐开始，端上来的第一道菜自然是汤，粤人第一口食用的当然还是汤。确实，在"重汤喜粥好茶"的南粤，汤水是粤人生活中的头等大事，"宁可食无菜，不可食无汤"。以至于外地人一提起粤女，第一件想到的事情就是她们都是煲汤的高手。

粤女的一生必须会煲好四碗汤，年轻的时候，离开家庭的羽翼，或求学或工作，能煲一碗滋养的汤水犒劳自己，

清热止咳的飞
天擒罗猪骨汤

是对自己最大的爱护，否则母亲会心疼；待到成家立业，
给在外打拼的先生煲一锅靓汤作为情感的润滑剂，势在必
行，也是贤惠与否的标准；等孩子呱呱落地，为孩子煲汤
的宏大事业也就此缓缓拉开序幕；等父母年老了，头发白
了，牙齿掉了，为父母亲煲汤，是为了报答双亲的恩养。

　　粤女生涯中的四碗汤，看似都是生活中的点滴小事，
可也足以耗尽粤女一生的心血。一天伊始，粤女便急匆匆
赶往菜市场，火急火燎地买回最新鲜的食材。中午，为了
今晚的餐桌上能有一啖可口的汤水，粤女还得牺牲休息时
间赶紧将汤水炖上；晚餐在家人满意的咂咂嘴中结束，但
粤女又得开始琢磨，明天该煲什么汤好呢？在南粤，哪
怕再忙的职业女性、商界女强人，都摆脱不了"煲汤"的
"厄运"，顶多是次数少些而已。就这样，粤女的煲汤生涯
周而复始，但汤品少有重复，清补的、滋润的、健脾的、

祛湿的，不同的季节，不同的汤品，不同的体质，不同的调养，到最后，粤女几乎个个都成了食疗的高手。但是，请不要同情"可怜"的粤女们，因为在她们心中，能为家人的健康保驾护航是她们最大的骄傲。

当然，并非人人家中都有粤女执掌汤勺，但到了粤地，不尝尝粤地的老火靓汤总是遗憾的。羊城总有一些品汤的好去处，比如沈生汤馆。由医师打理的沈生汤馆总能根据时令推出汤品，不如去试一试。

清热凉血的生地汤

一碗汤的高度、温度和学问

店　　名：沈生汤馆（华乐路店）
地　　址：广州市越秀区华乐路 27 号 1 层
电　　话：020-83883388
推荐指数：★★★★★

人都知道粤人嗜汤如命，可未必人人都能窥见粤人一煲汤里的大乾坤。

有朋友上我家里来吃饭，可爱的姑娘一进门就问："姐，今天煲了什么老火汤？"我失笑道："你就知道我今天一定会煲汤？"性子爽直的北方姑娘一脸诧异道："无汤不上席，无汤不成宴，这不是你们广东人的习惯吗？"我大笑道："看来，广东人的老火汤还真是名扬天下啊！"姑娘笑道："是啊是啊，瞧，我这不是蹭汤来了吗？"我点点头，故作正经地逗她说："原来你是来蹭汤而不是蹭饭的，对不起，妹子，姐今天还真是没有煲汤呢，要让你失望了！"姑娘可不轻易受骗，她直奔厨房，皱着像猎狗一样可爱的小鼻子道："姐，你骗我，我都闻到香味了！"我笑着将她从厨房里拉出来说："放心吧，妹子，你来了，姐能不煲汤吗？"姑娘挽着我的手，突然认真地说："姐，你教我煲汤吧！"这次轮到我诧异了，不知道这素日懒惰的妹子突然哪根筋不对头。姑娘有些不好意思，小声说："我马上要结婚了，你妹夫是广东人，我不会煲汤可怎么行？"我大笑，这贤惠劲儿，实在让人刮目相看。我摇头说："姐懂的也不多，哪里就配教你？"姑娘撒娇道："姐，你就好好教教我吧，我得讨讨未来婆婆的欢心。"看来这姑娘今天不从我这掏出点什么东西是不甘心的了，我只好"识少少扮代表"了，说："那，就从今晚这煲汤开始？"姑娘兴奋地点头。

不一会儿，饭菜上桌，看那荤素搭配，我不禁得意。可姑娘的注意力全在那一锅汤上。她拿起汤勺，往汤里捞了捞，迫不及待地要请教了。我好笑，慢条斯理地顾左右而言他："哎呀，这天气可真热，热死了！"姑娘也不看我一眼，就口里敷衍着我说："嗯，三伏天。"我笑了笑，从她手里拿过汤勺盛汤，"中医说，'夏季暑湿，适宜清补'，所以，今晚的汤是五指毛桃土茯苓龙骨汤！"姑娘仔细端

健脾利尿的冬瓜黑豆排骨汤

汤清味鲜的芥菜鱼丸汤

详着碗里的汤料，"清补啊，那这五指毛桃土茯苓龙骨汤有什么功效？""清热、健脾、祛湿。"我言简意赅，姑娘故作认真地点头，一副虚心向学的样子，"这汤里的学问可真大！姐，你就教教我吧。"

广东人爱喝老火靓汤，原因很简单，"岭南之地，暑湿所居，粤人笃信汤有清热祛火之效，故饮食中不可无汤。"说白了，广东人的老火汤其实就是针对不同的季节而不断调整变化以平衡人体阴阳的养生汤。已故岭南汤王余自强有总结：春宜平补，健脾养肝，祛湿除困；夏宜清补，消暑祛湿，养心利水；秋宜滋补，养阴润肺，滋阴清润；冬宜温补，温阳固肾，强筋健骨。长夏宜平、清补，清热解毒，健脾渗湿；春夏去暑湿，秋冬防肺燥。

这老火汤里的学问太大，不是三言两语可以说得清楚的。姑娘临走前，我塞了几本书给她："煲好一锅汤，不是为了讨好谁，只要你用心，将你的爱煲到汤里去，为你自己和爱人的健康保驾护航，你一定会很幸福！"

瞧那大街小巷的糖水铺

店　　名：顺记冰室
地　　址：广州市荔湾区宝华路 85 号
电　　话：020–81814287
推荐指数：★★★★★

甜品，粤人称之为糖水，是粤人一年四季饭前饭后对自己的抚慰和犒赏。南粤糖水和老火汤一样名目繁多，有豆类、糊类、奶类、冰糖类、药材类等，故而有人说"中国糖水在广东"。可不是嘛，糖水铺遍布南粤大地的大街小巷，番薯糖水、红豆沙、陈皮绿豆沙、冰糖雪梨……各种糖水随时出现在粤人的视线范围内，让人垂涎三尺。

粤人吃糖水，其实和喝汤一样，讲求的还是养生的功效。所以粤人吃糖水，大都讲究季节性，一款款的糖水，透露出来的都是浓浓的务实精神。

春季的时候，特别是新年刚过，一个热热闹闹的新年吃吃喝喝的，难免会消化不良，聪明的粤人借着新年的喜气洋洋，煮一锅叫"百年好合贺新年"的糖水，以胡萝卜、糖莲子、干百合和冰糖做主材，口感清润，甜而不腻，不

乳味香浓的木瓜炖鲜奶

仅好彩头，还能借胡萝卜下气、补中、安五脏的功效，解决肠胃的负担。到了元宵，"白雪黑珍珠汤丸"就很应景，甜蜜蜜的，让人心里舒坦。

　　夏季到了，糖水的选择更是数不胜数。南粤最著名的一款糖水，名叫陈皮绿豆沙，陈皮可以理气健脾、燥湿化痰，绿豆可以清热解毒、止渴消暑，以养阴生津的冰糖调味，是粤人炎炎夏日里不可或缺的一款美食。在逛遍大街小巷，看尽都市繁华、南粤风光之后，累了乏了，略停一停脚步，走进一家甜品室，点一碗陈皮绿豆沙，让唇舌和陈皮的清香、绿豆的沙绵和冰糖的清甜上演一场看不见的缠绵，定然是夏日里最舒心的选择。当然，在南粤，海带绿豆沙也同样闻名遐迩。粤人的整整一个夏季，都可以被不同种类的各种"热饮""冷饮"包围着、呵护着，红豆冰、龟苓膏、凉粉也好，椰汁香草西米露也好，香滑马蹄爽也不错，糖水让人清清爽爽地度过一个原本炎热难耐的夏天。

　　秋风初起时，暑气虽还盛，但该是养阴防燥的时候了，一碗冰糖银耳莲子羹再合适不过了。那晶莹剔透的品相惹人怜爱，热食香滑滋润，冷食清凉可口，除了能补中益气和胃润燥之外，它还能安神润肤，可真说得上是老少咸宜呢。当然，除了冰糖银耳莲子羹之外，初秋的糖水也是种类繁多，比如番薯蛋花糖水、银耳雪梨糖水、南瓜紫薯糖水、马蹄茅根竹蔗糖水也一样让人心心念念。当秋季的脚步越来越远时，恐怕粤人舌尖上的那一点甜意还在悠然地散发着一点暖香。

不受粤人欢迎的冬天如期而至，时而干燥，时而湿冷，很不招人待见。清心润燥、润肤养颜、滋补祛病就成了粤人的头等大事。红豆莲子百合，养神安宁；芋泥西米露，润肠健脾；南北杏炖双雪，生津润燥；拍姜番薯糖水、姜撞奶散寒解表……时令糖水应有尽有！说一说雪耳木瓜炖奶吧，论口感，乳味香浓，甜润可口；论品相，木瓜的艳丽和雪耳、牛奶的莹白交相辉映，实在是赏心悦目；论营养，补益、润燥、消食、美容，实在是年轻姑娘的大爱呢。如果在阴寒的冬日里，捧一盅热气袅袅的炖奶，心情或许能在一刹那就明艳了起来呢。

去湿健脾的红豆薏
米糖水

细滑香浓的芒果布丁

香甜爽口的椰汁西米露

　　务实勤勉而又富于创造性的粤人当真懂得如何犒赏自己，当然，他们也毫不吝啬地犒赏着踏足南粤友人的唇舌。如果有朋自远方来，如果友人乐于品尝粤人四季的甜蜜，粤人们会推荐他们的心水去处——"百花甜品"，因为那里的甜品品种最为齐全，味道正宗；如果在夏季，粤人会首选有近百年历史的顺记冰室，这一家"广州名牌美食"的招牌甜点"椰子雪糕"曾获广州市"十大名牌小食"的称号，爱好甜品的人，又怎么能轻易放过它呢？

　　南粤大地，实在太多舌尖上的神奇。来吧，用舌尖品味南粤，不失为一场美妙的旅行。

凉茶，
粤人的"自讨苦吃"

店　　名：黄振龙凉茶
地　　址：广州市越秀区梅东路 36 号
电　　话：020-87611673
推荐指数：★ ★ ★ ★ ★

　　有人说，广东三样宝：烧鹅、荔枝、凉茶。初到粤境的外地人每每好奇，为什么粤人开口闭口"热气"？为什么凉茶铺开得热热闹闹？为什么粤人喝凉茶像喝白开水？其实说到底还是一方水土养一方人的事，南粤的地理位置、气候条件和粤人的饮食习惯，决定了凉茶与老火汤、各式粥品一样，成为粤人生活中的必需品。

　　凉茶，说白了就是具有清热解毒、滋阴降火功能的中草药汤药。在南粤，凉茶的历史悠久。早在东晋时期，医学家葛洪南来就为深陷温病困境的南粤百姓创制了各种凉茶方子，并在南粤百姓中代代相传。到了清朝道光年间，广东鹤山人王泽邦创制了"王老吉凉茶"，从此就有了凉茶的品牌。在今天的南粤大地上，凉茶铺和糖水铺一样遍及各地，王老吉凉茶、黄振龙凉茶、大声公凉茶、石岐凉茶、四味凉茶、邓老凉茶、上清饮凉茶、徐其修凉茶等遍地开花，成为南粤街头一道引人注目的景观，呵护着南粤百姓的冷暖。

如果说粤人对于糖水的喜爱更多是出于味蕾和心理的需求，那么凉茶则是粤人对身体健康的强烈诉求。记得我小时候，家人但凡有个头痛嗓子哑，母亲总会在回家的路上随处摘取一把竹芯或是一把桑叶，搭上灯芯草、夏枯草之类的野草，往瓦煲一丢，十几二十分钟，凉茶就煲好了，微凉之后往口里一灌，不多久，身体就舒坦了。而今天喝凉茶还省却了很多的麻烦，街头巷尾，随处有售，不过就是几块钱的事情，廉价实惠。如果要预备着以防身体不适，那也方便得很，制成颗粒状，具有各种不同功能的凉茶袋在药店里随意摆放，买回家一撕包装，开水一冲，一碗热

街头巷尾的凉茶铺

腾腾的凉茶就有了。当然，最便捷的莫过于买一箱箱的罐装凉茶，既能呵护身体健康，又能当饮料喝。如果来到南粤，如果真的"上火"了，如果真要体味广东凉茶苦在口里凉在身上的舒爽，不妨抬脚走进附近一家凉茶铺，去尝一尝不一样的南粤"美食"的味道，比如占据了广东凉茶半壁江山的"黄振龙凉茶"。"黄振龙凉茶"的凉茶品种应四季而制，如著名的"癍痧凉茶"能解南粤特有的湿毒，预防四时感冒；秋冬季，罗汉果五花茶能除燥止咳。

有时候想想，如果老火汤是一个历经岁月沧桑的敦厚老者，用甘醇滋养粤人的躯体，糖水是年轻貌美的姑娘，用笑靥欢颜博取粤人的欢心，那么凉茶倒像是直言进谏的良臣，说着不中听却中用的话，正所谓，忠言逆耳，良药苦口。舌尖百味，粤人照单全收。兼容并包，或许说的就是这样的襟怀吧。

中药熬制的凉茶

南州六月荔枝丹

店　　名：广州市增城东林果业园
地　　址：增城市荔城街太平下塱开发路
电　　话：18925006339
推荐指数：★ ★ ★ ★ ★

有一种水果，天生丽质难自弃。上至一国君王、深宫贵妇，下至文人墨客、市井百姓，无不为之倾倒，它就是荔枝。杨贵妃受唐明皇宠爱，得享数千里外辗转送至深宫的荔枝，那"山顶千门次第开"的壮观景象，至今仍为人称道。宋皇赵佶不屑飞骑传荔，他干脆"密移造化出闽山，禁御新栽荔枝丹"。白居易在《荔枝图序》中赞美："……叶如桂，冬青；华如橘，春荣；实如丹，夏熟……囊肉莹白如冰雪，浆液甘酸如醴酪。大略如彼，其实过之……"二百多年后，苏东坡在荔枝成熟的季节，日日徜徉在累累果实之下，他深深叹息："日啖荔枝三百颗，不辞长作岭南人。"这些溢美之语，成了荔枝发展史上最具人文情怀的广告词。

千百年过去，君王妃子文人墨客的往事已经被时光机

硕果累累荔枝丹

碾碎，但在南国的六月，和荔枝有关的故事依然继续。邻居家张姨，去岁定居惠州。这个年逾六十、文气优雅的女士酷爱荔枝。尽管因为身体的缘故，她不能放纵自己多吃荔枝，但每日必吃数个，一天不落。我曾经问她，为什么最后选择了在惠州养老？她笑着说，择一城终老，无非就是为了能让自己的晚年可以吃好、睡好、玩好。我理解她的意思，所谓"可以吃好"，哪里就离得了荔枝呢？记得丰子恺先生说过："我以为人的生活，可以分成三层：一层是物质生活，二层是精神生活，三层是灵魂生活。"张姨年过花甲，历经世事，千帆早已看尽，她所想要的"吃好、睡好、玩好"无非就是要随心随意、快乐无憾地过完余下的岁月，这已经是物质、精神和灵魂生活的三合一境界。我替她高兴，也替荔枝高兴，因为，但凡能给予别人愉悦的，都是功德。

有外地的朋友和我相约"明年到你们那儿摘荔枝去"。

我笑话他们，荔枝早上离了枝头，马上打好包装，航空运送，绝不会再出现"一日而色变，二日而香变，三日而味变"的往事。有友人说"能得自然之趣"才是生活最大的情趣。我笑而不语，或者她说得没错。那么，我们就相约吧，明年的六月，携手参加广州增城荔枝文化旅游节。广州增城荔枝文化旅游节是荔枝的盛会，增城各个荔枝园争相亮相，争奇斗艳。在众多荔枝园中，栽种荔枝树多达两万多棵的东林果业园最值得关注。东林果业园依山傍水，环境秀丽，最重要的是，果业园种植有优质荔枝品种，如挂绿、甜岩、水晶球、进奉、桂味、糯米糍、妃子笑和三月红等，是品尝佳果的好去处。到那时，南国的阳光明媚，在蝉鸣声里，荔枝树下，我们亲手摘下一串又一串的佳果。我相信，号称"一颗挂绿一粒金"的"增城挂绿"固然让人垂涎三尺，但细核、清甜爽脆且带着桂花香的桂味，肉质丰厚、口感嫩滑，有"荔枝之王"之称的"糯米糍"和果大、肉厚、味甜的"妃子笑"也定然让人流连忘返。当唇齿间的快感在身体内蔓延时，我想，"不辞长作岭南人"的，恐怕不只苏学士一人。

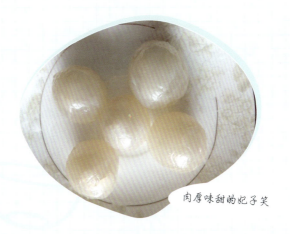

肉厚味甜的妃子笑

龙眼，苏轼眼中可与荔枝媲美的佳果

店　　名：有间糖水铺
地　　址：广州市海珠区宝和街 83 号
电　　话：020–89619924
推荐指数：★ ★ ★ ★ ★

七月初，荔枝退场，吃龙眼的季节就来临了。

"龙眼"二字，很富有中国特色，一看就知道是本国的"土特产"。关于龙眼，有一个故事。传说在沿海一带，有恶龙兴风作浪，百姓不堪恶龙肆虐，纷纷逃离故乡。有一个名叫龙眼的少年英雄，见家乡民不聊生，他痛心疾首，发誓要除去恶龙，造福百姓。智勇双全的龙眼与恶龙经过一番生死搏斗，如愿除掉了恶龙，可少年龙眼因伤势过重，不幸离世。不久，在龙眼英勇牺牲的地方神奇地长出了一种果品，为了纪念龙眼，当地百姓将这种果品取名为"龙眼"。

龙眼，别名益智、桂圆，有"益智"之说，应该是指

清甜多汁的龙眼果

龙眼能滋养心神，对大脑有所裨益。《神农本草经》谈及龙眼时，这样描述"久服，强魄聪明，轻身不老"；《本草纲目》记述龙眼能"开胃益脾，补虚长智"；《随息居饮食谱》也谈到，"龙眼甘温，益脾阴，滋营充液"。可见千百年来，龙眼是民间常用的滋补食品，可用于强身健体、补心安神，甚至润肤美容。

相传南越王赵佗曾将龙眼作为贡品上呈大汉王朝，可见南粤栽种龙眼的历史悠久，且龙眼的品质特别优良。在广州市增城区，荔城石硖龙眼远近闻名，以个个大、肉爽、味道清甜带蜜而著称；号称"中国水果第一市"的高州，有世界上最大的龙眼生产基地，当地沙田镇的储良龙眼够甜够大；从化龙眼的品质和口碑向来不错，这里的龙眼肉厚清甜，引无数食客前来品尝。

龙眼虽好，可惜有季节限制。每年的七八月份一过，水果龙眼就慢慢淡出了粤人的视线。可粤人对龙眼是情有独钟的，于是，桂圆肉桂圆肉便成了水果龙眼的替代品。

深谙养生窍门的粤女是桂圆肉的忠诚"粉丝"，每当到了秋冬季节，当"进补"二字招展成一面鲜明的旗帜，粤女的零食堆里自然而然地就出现了桂圆肉的身影。

可心系家人的粤女是不会单纯将桂圆肉当作零食看待的，在她们眼里，桂圆肉对家人的意义远远大于它作为零食的意义。于是，桂圆肉便成了瓦煲里的常客。桂圆红枣银耳汤、桂圆鸡汤、桂圆鸡蛋糖水、桂圆红枣姜片红糖汤，粤女信手拈来，将桂圆肉的作用发挥得淋漓尽致。

桂圆红枣银耳汤，在秋风乍起的季节，防燥养阴成了秋季养生的第一要义，桂圆能补气血，红枣能养血安神，银耳能滋润祛燥，合而为汤，既能补血养气，也能润燥养阴，是秋冬进补再适合不过的美味汤品。

桂圆鸡蛋糖水，对粤人而言，既是甜品，也是汤水。在

润燥养颜的桂圆干

诱人的桂圆红枣汤

粤人眼里，食补远远比药补重要，于是，一旦家里有人贫血或者女性血虚，桂圆鸡蛋糖水自然成了补血的重要选择。

桂圆鸡汤是粤女对家中病弱家人的体贴，一碗桂圆鸡汤，养的不仅仅是气血，更是对家人的感情。

桂圆红枣姜片红糖汤更是每个女性每个月所必需的滋养品。如果想做一个由内而外的天然美女，请不要忽略了桂圆红枣姜片红糖汤。

有人说，桂圆全身是宝，只是太多人不懂它。不懂它，可说是暴殄天物，懂了它，则是对自己和家人的呵护。

如果此刻，独自一人或者是和三两知己徜徉在巷尾街头，如果恰巧有间糖水铺就在附近，如果恰巧累了乏了，如果不能抵挡住"甜蜜"的诱惑，不妨抬脚进入，唤一个窝蛋桂圆红枣糖水尝尝，谁会说这不是一种幸福呢？

萝卜牛杂，城市的一道特殊风景线

店　　名：林林牛杂屋（十甫假日店）
地　　址：广州市荔枝湾第十甫路 188 号
电　　话：020–81242037
推荐指数：★★★★★

对许多初到羊城的外乡客而言，看到街边或蹲或站或行的男男女女老老少少捧着一个个塑料碗、拿着一根长长的竹签"低头奋战"的情景，他们大都觉得

美味的萝卜牛杂

香软入味的萝卜

匪夷所思，以为这"不雅"的行为实在不契合这座城市光鲜亮丽的气质。但是谁能保证他们不会很快就加入这"低头奋战"的队伍，与羊城著名的萝卜牛杂上演一场最亲密的接触呢？

没错，萝卜牛杂，让靓女"抛弃"了优雅，靓仔"放弃"了帅气的"罪魁祸首"就是萝卜牛杂。不管是在熙熙攘攘的北京路、热闹非凡的上下九，还是在陋巷小街，萝卜牛杂无处不在，吸引了无数的忠实粉丝。有人说，认识广州从一碗萝卜牛杂开始；还有人说，没有吃过萝卜牛杂就不算真正到过广州。那么萝卜牛杂究竟是什么？

萝卜牛杂其实就是以白萝卜、牛肚、牛肠、牛舌、牛百叶、牛肺等为原料，配以辅料如八角、桂皮、香叶、姜蒜等以独特秘方，用独特的工序熬煮而成的美味。以羊城著名的"林林牛杂屋"为例，萝卜吸足了汤底的香汁，入口香软清甜，牛杂软嫩，滋味绵长；再配上独家秘制的辣

软嫩而富有营养的牛杂

椒酱，真让人吃得停不下来。吃到最后，许多食客连碗底香醇的汤汁也不放过，非要真真正正地"光碗"不可。

许多人说，吃萝卜牛杂最好的季节是冬季，它能暖胃养胃，但在食客眼里，什么季节都不要紧，能大快朵颐才是真理。冬季吃牛杂固然是无上的享受，夏季吃牛杂更别有一番滋味，当汗水落下，牛杂下肚，那身体的酣畅和舌尖的满足是不是让人更加难忘？

在这座活力四射的城市里，具有两百年历史的萝卜牛杂是粤人的挚爱，他们经过的地方，不管是一辆小推车还是一个简陋的小店，只要闻到萝卜牛杂的香气，味觉便活跃了起来，用他们的胃和这个城市融合成一个密不可分的整体。所以，当粤人用诚实的味蕾将萝卜牛杂纳入他们的日常生活时，萝卜牛杂就成了这座城市不可或缺的一分子了。因此，品味萝卜牛杂就是品味羊城文化岭南风情。

用一根舌头便能同时与美食及岭南文化进行深层次的交流，何乐而不为？来吧，将萝卜牛杂吃起来！

美味的萝卜牛杂
俨然成为广州的
美食名片

地派镇

东源县

久社镇

龙门县

● 汾阳居酒店
● 南昆山土特产一条街

路溪镇

青溪镇

● 永康肉丸馆

麻榨镇

热水镇

观音阁镇

● 蓬莱山庄　横河镇

秦关镇

● 客家婆山水豆腐花特产中心

上义镇

● 波浪山庄

松坑镇

● 汤泉嘉盛酒楼

● 横沥金华汤粉

阿具客家土菜馆（吉之岛店）　梁化镇

潼侨镇

● 周记木瓜专业合作社

樟木头镇

白花镇

沙田镇

观澜镇

铁涌镇

● 蚝乡农庄

夜猫子美食城（巽寮湾店）●

双月饭店（大桥总店）●

深圳市

Part 2
东江客家，唇齿间忆念的一点故土情

岭南名郡，东江惠州。江水穿城而过，流淌进客家人的躯体，蓄养成客家文化的血液。这血液里，秉承的是唐宋遗风，就如饮食，史册称"全是汉家风味"。

盐焗鸡，
故乡故土故人情

店　　名：汤泉嘉盛酒楼
地　　址：惠州市惠城区小金口汤泉广汕公路 129 千米处
电　　话：0752-2822683
推荐指数：★★★★★

　　提起盐焗鸡，人人都知道，它是东江惠州客家风情画上最耀眼的明珠，以色黄皮脆肉嫩骨香而著称，是东江客家对芸芸众生的口腹犒赏，是客家地区最具代表性的菜肴之一。每一道菜肴，其背后都有着一个故事，东江盐焗鸡也一样，但它的故事，却是和迁徙与生存有关的。

　　烽火乱世，客家人不断南迁。这一站又一站的长途跋涉，极大地考验着他们的生存能力，因为在食物匮乏的岁月里，储存食物和获取食物一样困难。客家人独创性地炮制出盐焗鸡这等易存放、营养丰富且风味独特的食物，后经历代厨师的改良，东江盐焗鸡名扬海内外。

　　我叹息这一道菜肴的诞生，竟是一个民族顽强生存的历史，虽苦难，但智慧、坚忍、上进！人们喜欢东江盐焗鸡，除了因为菜肴本身所具有的美味，恐怕多少也和东江盐焗鸡背后的故事有关吧。

我也爱东江盐焗鸡，因为除了它固有的文化密码之外，也是我和已故祖母的情感密码。

九月，又到了奶奶的忌辰，我照例开车跑了十几千米的路，特意到汤泉嘉盛酒楼买回了一只盐焗鸡。

微黄的皮，浓郁的香味，还是这么诱人的盐焗鸡，这么多年，嘉盛酒楼的盐焗鸡一如既往地轻易勾起人们肚子里的馋虫。这样的馋虫，我有，过世的奶奶生前也有。那样的一条馋虫，让她在最后的岁月绽开了脆弱的笑容，尽管时隔多年，我依然深深铭记。

十六年前的初春，是奶奶生命中的最后几个月。深遭病痛折磨的她几乎已经失去感知食物味道的能力，身体的

皮爽肉滑的盐
焗鸡

衰竭让她对她认为的苟延残喘产生了极大的厌倦。我焦躁忧思，但无力挽回时光对一个老人的摧残。我只能盼着不管用什么方法，只要能让她找到一点哪怕是一丁点的快乐，也是好的。没想到，一只盐焗鸡居然产生了连药物都不及的效力。那时我为了能让奶奶多吃一点，专程到汤泉买回了一只盐焗鸡。当我将盐焗鸡拆离了骨、肉和皮，将鸡腿递给了奶奶时，素来习惯清淡饮食的奶奶开始还抗拒，可终究还是愿意开口尝试了。见到她原本耷拉的嘴角微微上翘，我心里乐开了花。我问她："好吃吗？"奶奶点头："好吃……很久没有吃到这么好吃的东西了……"我既欣慰又心酸，霎时无法言语。我突然记起，许多许多年前，我还是孩童的时候，每逢佳节，奶奶一定会将一只硕大的鸡腿埋在盐罐里，直到我去给奶奶拜年，她才郑重其事地拿出

色泽诱人的盐焗鸡

爽口咸香的盐焗鸡翅

来给我。那会儿，她一样问我："好吃吗？"我的回答居然是那样的相似："好吃，我很久没有吃过这么好吃的鸡了……"岁月流转，我童年的快乐牵绊的是奶奶的一只只咸鸡腿，在奶奶的生命即将接近终点站时，我还能用一只盐焗鸡换取她一点愉悦。可我终究不能长久延续奶奶的快乐，深秋时节，奶奶走了，我不知道那时她对我托人带回家的盐焗鸡是否还感兴趣。

回到家，我依旧将盐焗鸡拆骨剥皮，并按着多年前的样子装碟，然后一个人静静地品尝。一样的盐焗鸡，还是一样的皮爽肉滑，骨香味浓，可一个人的品尝终究少了些许味道，就如当年，深埋在盐罐里的那只咸鸡腿，如果没有了我狼吞虎咽的馋样，奶奶恐怕也找不着那样的满足感。来年我决定亲手制作一只盐焗鸡，我相信，奶奶一定会喜欢。

酿豆腐，
遥远的故土情缘

店　　名：阿具客家土菜馆（吉之岛店）
地　　址：惠州市惠城区东湖西路永旺购物广场三楼
电　　话：0752-2380228
推荐指数：★ ★ ★ ★ ★

但凡名菜，大抵都有一个动人的故事，酿豆腐也不例外，和盐焗鸡一样，还是中原移民和故乡故土的故事。相传中原移民思念故土的饺子，但麦面在岭南不易得，中原移民不得已，只好以豆腐代面，将对故乡故土的思念精心剁制成馅儿，一点一点塞进豆腐当中，以慰藉背井离乡之苦。一道美味的菜肴如果有了足够的情感和故事做外壳包装，便有了足够的传世理由。于是，酿豆腐这道具有强烈思乡情的菜肴就这么跨越时空，不知从何年何月起，成了客家菜的代名词。

在东江鹅城，很多客家餐馆都将酿豆腐打造成招牌菜，比如阿具客家土菜馆。这是一家我时常光顾的客家菜馆。我喜欢这家菜馆的装饰，就单单是清一色用船木打造的餐台和椅子，便让我倾心不已。那看似沧桑的千疮百孔，与

阿具客家土菜馆

客家菜一样厚重朴实，更与客家人和客家菜的历史一样坚忍万般。当然，一家菜馆能长期吸引人的，自然还得是菜肴。阿具客家土菜馆吸引我的，就是他们的招牌菜酿豆腐。

每当服务员将盛着酿豆腐的砂锅端上时，看着那袅袅升腾的热气，我总有一种过节般的喜悦，或者是因为酿豆腐无论如何都不算是一道工序简单毫不费时的菜肴。我总会想象，在物资紧缺的年代，当巧手的客家主妇在忙碌着酿豆腐的时候，守候在一旁的孩子眼神中是怎样的贪婪和急切。今非昔比，人们对于一道菜肴的喜爱，在舌尖的体验之前，还得满足人们对于色和香的感官认识。眼前的这道菜，豆腐煎得金黄发亮，中间的馅料酱红诱人，豆腐上的葱花鲜绿可爱，铺在锅底的黄豆粒粒饱满，实在是诱人无比。馅料是典型客家菜的咸鲜，味道丰满不寡淡，轻轻咬开鲜嫩柔滑的豆腐，豆香满口。至于嫩绿的葱花，自然是在味蕾和视觉上锦上添花。当然，单纯品尝酿豆腐，放弃了锅底的黄豆无疑是浪费。酿豆腐的汤汁醇厚咸香，覆盖在黄豆上面，当以小小的汤勺将汤汁和黄豆一起送入口中，黄豆的清香和汤汁的香醇厚实交融在一起，这另一番滋味的呈现既是酿豆腐的延续，更是对酿豆腐精神内涵的进一步丰满，这相得益彰的食材搭配，无疑是食客的福分，更是聪慧的客家人对生活的领悟和馈赠——不管何时何地，日子就算是苦的，也应该过得有滋有味！

这样一道菜肴，历经岁月锤炼，虽沧桑但越发鲜亮，她在东江之滨西子湖畔靓装以待，远方的客人，可会应邀而来？

口感鲜美、营养丰富的酿豆腐

完美的食材搭配，令酿豆腐如此美味

梅菜扣肉，
活着的智慧

店　　名：阿具客家土菜馆（吉之岛店）

地　　址：惠州市惠城区东湖西路永旺购物广场三楼

电　　话：0752-2380228

推荐指数：★★★★★

惠州，西湖，苏公，朝云墓，梅菜扣肉。

　　这又是一段笼着历史云烟的传说——关于苏东坡和梅菜扣肉的传说：苏公寓居惠州，曾命厨师远赴杭州修习厨艺。厨师归来后，苏公命厨师依照"东坡扣肉"的做法，用惠州当地特产梅菜制成"梅菜扣肉"。梅菜扣肉美味诱人，很快便成了惠州人民餐桌上的美味佳肴。

　　我敬佩苏公这位"老客家"，感念他对惠州人民慷慨的馈赠，比如苏堤，比如梅菜扣肉。

　　我喜爱梅菜扣肉，不仅因为它具有一定的养生功效，如"调理贫血""健脾开胃""滋阴"，我更爱它富含胶原蛋白的猪皮酱红发亮，入口微韧却细腻无比。我爱那三层厚的五花肉，瘦肉软烂醇香，肥肉入口即化，丝毫不腻。剁

软烂醇香的梅菜扣肉

东江特产梅菜干

成了碎末的梅菜饱吸了鲜美黏稠的汤汁，清爽可口，甘香无比。偎依着梅菜的肉片则独占梅菜的清香，化解了肥腻，让人易于接受。这样的搭配，你中有我，我中有你，你因我而精彩，我因你而完满，竟似佳偶天成一般，让人拍手叫绝。

　　我曾将苏公和他的爱妾王朝云的关系不恰当地比喻成梅菜和五花肉的关系。早年的朝云出身贫贱，后得以陪伴旷世才子苏公，越发灵秀聪慧才情出众；困顿潦倒的苏公远谪岭南，一众侍妾风流云散，幸能得爱妾朝云的坚贞相随患难与共，何尝不是他晚年最大的慰藉？若非朝云，他如何可以潇洒如是："回首向来萧瑟处，归去，也无风雨也无晴？"由此可见，不管是婚姻还是菜肴，搭配对路，便成就了彼此，如配偶同心，其利则可断金；菜肴便成了名菜，从此流传久远。我不能不深信，这不仅仅是一道菜肴，更是生活的智慧。

罗浮山珍，
一菜一茶

店　　名：蓬莱山庄
地　　址：惠州市博罗县罗浮山酥醪村
电　　话：0752-6664752
推荐指数：★★★★★

七月罗浮，百草丰茂，景色秀丽，群山雄奇。人称"岭南第一山""中国道教圣地"的罗浮山，险峰飞瀑流泉石室险岩洞天，或奇伟或秀丽，让人流连忘返。但造化对罗浮的馈赠，哪里仅止于此？来到罗浮，在看尽无限风光、口干舌燥之际，有一菜一茶不能不尝。

酥醪菜，人称罗浮仙人菜，生长在罗浮北麓海拔 600 米的酥醪村。酥醪村，这个罗浮深处的小山村，虽是"养在深闺人不识"，但大山环绕，山泉流灌，密林苍翠，幽深秀美，实在是罗浮深处的一颗明珠。这颗明珠上最闪耀的，莫过于曾被苏公东坡称为"肥美如羔"的"仙人菜"。凭借独特的生长环境和村民独特的制作手法，酥醪菜便有了独特的风味。在这炎炎七月，在秀丽的酥醪村，停歇在蓬莱山庄，定然是休闲的上上之选。蓬莱山庄景色秀美，

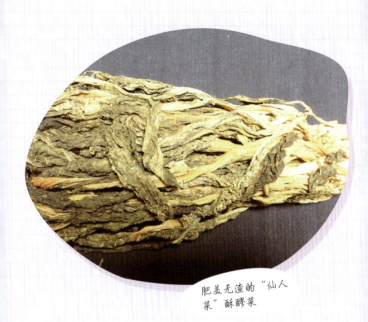

肥美无渣的"仙人菜"酥醪菜

饮食可口，特别是那一锅酥醪菜汤，汤水清润，菜干肥美，让人深深感动上天对罗浮的恩赐。如果这会儿能静静享受舌底的甘美清甜，细细嚼一嚼香滑可口、食而无渣的酥醪菜，当山风拂面而过的时候，身体的通泰和心灵的放空，定然是让人沉迷眷恋的。离开酥醪村，离开罗浮时，别忘了带一把酥醪菜回家，因为生长在洞天福地的养生胜地罗浮山，酥醪菜自然有着自己独特的养生功效：清热润肺，强健身体。

　　罗浮山甜茶，产自罗浮深山。因为有明山秀水的滋养，造化赋予了甜茶明秀恬淡的可人韵味。这甜茶和寻常所见的茶叶并不一样，寻常茶叶，讲求条索秀美叶底明润，但这甜茶的外表却是闲闲散散的，宽细不一，不过就是一般树叶切碎了的模样。可这朴素甚至粗糙的外表下却蕴藏着甜润幽香的清气。泡沏甜茶，无须过于讲究，随便取来一壶，抓了一把甜茶丢进去，再往壶里灌注开水，不一会儿，茶香悠然飘荡，一看茶汤，金黄澄亮，细闻气味则芳香醇和，霎时让人怡然忘忧。当茶汤入口，请不要急着下咽，让茶汤在口腔里稍稍逗留，再慢慢咽下。这会儿，舌底之下的一股清甜自然弥漫，喉间的甜润仿佛要沁入心底，顿时让人神清气爽。在注重养生的今天，若要接地气地问一声，这甜茶，有什么养生的功效？答案就是，在经常吃大鱼大肉的今天，时常沏一壶甜茶，可以清凉解毒，可以止咳生津，可以开胃消滞，甚至还可以减肥提神……其实，何须这等所谓的功效？只要它能让人宁神静气，心情愉悦，便是最好的养生功效。不是吗？喝一口甜茶，过一种闲散健康的慢生活，如此而已。

甜润幽香的罗浮甜茶

山水相逢豆腐花，
美在舌尖的罗浮

店　　名：客家婆山水豆腐花特产中心
地　　址：惠州市博罗县罗浮山景区
电　　话：0752-6668882
推荐指数：★★★★★

豆腐花，一道接地气的平民小吃，曾经用甜甜的嫩滑填满了我童年的欢乐时光。依稀记得，每每盛夏的午后，小镇的街巷静悄悄的，炎热的天气让每个人都懒懒的，似乎连呼吸都显得费劲和多余。可我知道，不用多久，一个熟悉的声音会响起。果然，"卖豆腐花咯，卖豆腐花"的声音传来，无数个"蓄谋已久"的孩子都拿着瓷碗从各个角落里奔出来。多年之后，我依然记得温热的豆腐花上浇着清凉的糖水，记得舌尖上嫩滑清甜的味道。

豆腐花的记忆，当然不是我一个人的"专利"。惠州有民谣，"冷麻糊，热豆花"，可见豆腐花的清甜是惠州人的集体忆念。可我没有想到的是，一碗小小的豆腐花，居然在罗浮山下被"做大做强"，让人惊叹不已。作为惠州市的十大旅游产品，豆腐花似乎显得卑微渺小，可站在罗浮

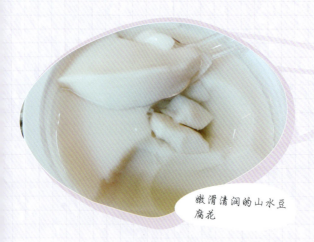

嫩滑清润的山水豆腐花

大道，一眼望去，密密匝匝的豆腐花专卖店，让人笑叹之余，内心无法不滋生出一丝莫名的感动和温暖。因此，每到罗浮山，我总不忘记带回一箱又一箱的豆腐花。

罗浮山的豆腐花，依傍罗浮山泉而生。大凡名山，大都有名泉，罗浮山也不例外。据载，罗浮山有飞瀑流泉近千处，所谓"山山瀑布，处处流泉"，且水质上乘，清冽甘甜。聪慧的罗浮山民因地制宜，以泉水浸泡上好的黄豆，磨制成浆，最后制成豆腐花。用山泉水制成的豆腐花口感细腻，清甜鲜嫩，清润爽滑，深受人们的青睐。今日的罗浮山豆腐花，品牌众多，比如罗浮山泉豆腐花、客家佬豆腐花、客家婆豆腐花、山水酿豆腐花……

我特别喜欢客家婆品牌的冰糖红豆豆腐花，喜欢在夏日里将一碗豆腐花捧在手里，细心地撕开包装，将胶碗递到唇瓣，深深吸一口甜蜜的糖水，然后用小勺子慢慢地一口一口地往嘴里送。待到乳白的豆腐花所剩无几，碗底的红豆便露了出来，于是，另一番唇齿的体验便又开始了……我喜欢这样的层层铺设，让我能像个孩子一样层层挖掘自己眼中的"宝藏"。偶尔，我也会换一个口味，比如冰糖黑豆豆腐花、山水豆腐花……曾有人看不惯我对豆腐花毫无原则的喜好，认为它不过是只能满足口舌贪欲的"低级食品"。我笑，如果是在酷热难耐的夏季，有这么一碗补中益气、清热润燥、生津止渴的小食在手上，谁还会嫌弃它的"上不得台面"呢？

　　有客远来，在倦怠疲累的参山拜仙之后，请不要着急离开，罗浮大道旁一家挨着一家的豆腐花店正散发着清甜的气息。比如客家婆豆腐花，品种有三，口味各异，不管是红豆冰糖豆腐花，还是绿豆冰糖豆腐花，又或者是黑豆冰糖豆腐花，各有各的妙处，却是一样的可口招人。来一碗甜甜的罗浮山客家婆豆腐花，应该才算是罗浮之旅的完满结局吧？

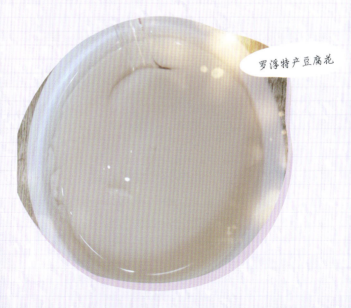

罗浮特产豆腐花

罗浮美食，
怎一个"土"字了得

店　　名：波浪山庄
地　　址：惠州市博罗县长宁镇 G324 公路侧（近罗浮山收费站）
电　　话：0752–6892798
推荐指数：★ ★ ★ ★ ★

土窑鸡、红焖猪肉、酿三宝、咸菜炒大肠，是除了盐焗鸡、酿豆腐、梅菜扣肉之外的常见东江客家菜。粗粗一看，这些菜式肉类居多，口味偏重。确实，这正是客家菜式的典型特征。罗浮之行，若是觉得酥醪菜骨头汤、罗浮甜茶偏于恬淡，罗浮山豆腐花也仅仅是小食，那么，就豪爽地来一餐除了客家三件宝之外的地道客家菜式吧。

罗浮山土窑鸡，名字土，食材土，烹制手法也土。正宗的罗浮山土窑鸡必须采用以虫为食，运动量足够大的走地鸡，美其名曰"土鸡"。烹制土窑鸡得用土窑，将鸡拾掇干净了，抹上秘制的配料，用锡纸一包，塞进土窑里煨。土窑也"土"，不过砌土窑的砖块有讲究，还得是当地乡下的专用砖，才能保证土鸡煨出来有独特的泥土香味。等

皮脆肉嫩的土窑鸡

土窑鸡出窑，菜馆的服务员将土窑鸡拆骨上桌，看着色泽艳丽香气四溢的土窑鸡，很多人都会迫不及待地大快朵颐。火候恰好、异香缭绕、口感嫩滑的土窑鸡很少让人失望。一番风卷残云之后，很多食客意犹未尽，还会让服务员上一叠煮熟的素米丝，倒进碟子里，和着鸡汁捞了捞，又津津有味地吃起来。这样的场景并不鲜见，土窑鸡的魅力从此可见一斑。当然，要想吃上特别美味的土窑鸡，还得找到一家最合适的去处，比如波浪山庄。波浪山庄的土窑鸡表面金黄，吃下去皮脆肉嫩，鲜美多汁，馋嘴的食客们吃完了还要"兜着走"。

红焖猪肉，客家十大特色菜之一，可乍一看名字，就能断定，这无疑是一道下饭的菜。确实，色泽红艳的卖相能引发食客的好感，五花肉块肥瘦相间口感爽滑，当真是肥的不腻，瘦的不柴。肉块之下还垫着咸菜，咸菜爽香略酸，正好解腻。这样的一道菜，无疑是让人难以拒绝的。其实，又何必拒绝？旅途劳累，几块红焖猪肉下肚，定会有一种满满的踏实感，这才是人们所需要的生活的味道。这一道客家传统菜式，至今还活跃在客家人的餐桌甚至宴席上，一定有它的道理。

酿三宝，就是酿苦瓜、酿辣椒和酿茄子。有远道而来的友人曾经问我，为什么客家人这么喜欢"酿"？我一时回答不上来。可我知道，苦瓜原本苦涩，去瓤填馅煎煮之后，苦瓜甘香绵软，肉馅清香怡人。酿辣椒口感较重，和红焖猪肉一样，是下饭菜、下酒菜。至于酿茄子，茄子的清爽和浓郁的肉味交融成一体，别有一番滋味。眼下仔细想一想，这素中有荤，搭配得当，不恰恰是客家人的生存智慧在一羹一饭中的自然流露吗？

咸菜炒大肠，或者是酸豆角炒大肠，还可以是酸笋炒大肠、姜丝炒大肠，爽口开胃，未必是人人的心头好，但

鲜美多汁的土窑鸡亦是客家文化的体现

爽口开胃的咸
菜炒大肠

爱它的人无疑是"骨灰级"的。据说咸菜炒大肠这是旧时客家人杀猪后最后烹制的一道菜。而它，竟然还是客家十大名菜中的经典菜式，这可能让很多食客觉得匪夷所思，但此言不虚。

历数客家名菜，看似食材庞杂，味道却一致的"咸、香、肥"，种种菜式看似不够"高大上"，但"小贴实"的风格恰恰解开了客家人的文化密码。遥想当年中原人千里迁徙，筚路蓝缕，温饱难求，一路南来，僻居山区，眼中所见，心中所想，无非就是要好好活着，想着法子改善处境。正是这等勤勉、聪慧、踏实的民风，才有了这历经沧桑却依旧活力十足、内涵丰厚的客家菜肴。

在路上行走，尝百味客家菜，品千年客家文化，不是一举两得的事吗？

绿色原始，
山野的味道

店　　名：汾阳居酒店
地　　址：惠州市龙门县南昆山川龙瀑布入口处
电　　话：0752-7690210
推荐指数：★★★★★

在路上行走，渴望与天地精神往来，让一路山水成全心灵的洗礼。但舌尖若能与天地结缘，与灵魂一起游走在山川与生灵的脉络里，走进它们的前世今生，或许这样的游走内容更加丰满。南昆山被称为"北回归线上的绿洲"，是一个很慷慨的地方，林海苍阔，云山浮涌，不仅给予了人们美景，还为味蕾提供了充足的美味。

南昆山观音菜，外表似兰花叶，轻轻袅袅，青碧可人，如小家碧玉，惹人怜爱。因为植根山溪石隙的缘故，观音菜水润饱满，洁净无瑕，高度吻合"绿色环保"的养生理念。观音菜有趣的地方太多，比如需在晨雾缭绕的清晨采摘；比如一菜可以依次咀嚼出韭菜、葱、大蒜的味道；比如它似苦还甜；比如它的功效一如菜名"观音"，能普度众生，既可强健腰肾还能美容洁肤；比如它可遇不可求，只

一菜多味的观音菜

螺肉爽脆的紫苏炒山坑螺

有在南昆山，在万物复苏的季节，它才能在舌尖绽放最丰沛的魅力……这难道是山中的精灵吗？

　　山坑螺，溪涧、河流中的小生灵，小巧修长，呈黑色圆锥状，其貌不扬，可只要它能生长的地方，必定是没有污染的清澈水域，它就这么不自觉地充当了环境质量检测师的角色，让人敬佩。这样秉性纯洁的生灵，一旦端上餐桌，自然能引发人们对它的万般青睐，且变着法子和它亲近。比如可以紫苏炒山坑螺，紫苏姜葱不仅能去除山坑螺

闻名遐迩的三黄胡须鸡

的寒性，还能最大限度地引发它的鲜美。比如可以山坑螺
煲鸡，可以山坑螺煲粥，甚至还能生吃……不管用什么样
的烹调方式，山坑螺的清甜爽脆丝毫不变。我最欣赏的吃
法是以明火爆炒的紫苏山坑螺。山坑螺虽个头不大，但螺
肉爽脆，紫苏的香气浓郁独特，这看似寻常的山间野味，
实际上勾人无比。和三五友人，笼着夜色，握住小酒，吹
着林风，听着山籁，夹起一粒钳去尾部的山坑螺，轻轻一
吮，再调转到头部，猛然一吸，霎时满口鲜美。这样的惬
意和随性，不正是芸芸众生所孜孜追求的吗？

　　龙门三黄胡须鸡，实在是闻名遐迩的。所谓"三黄胡须鸡"，是指龙门鸡有"黄毛、黄脚、黄嘴，下颌还有一撮胡须"，当真是特征鲜明，辨识度极高。三黄胡须鸡已经有上百年的繁育史，以"肉厚雪白、嫩滑不腻、皮脆爽口"为特征。优良的品质让它远销国内外，成了龙门一张鲜活的名片。到了南昆山，住进南昆山当地人经营的家庭式酒店汾阳居，点上一锅汾阳居最著名的菜式——砂锅上汤鸡，就是对味蕾乃至身心的极大犒慰。

　　七月，盛夏，正是遁入山林沐雨临风的好时节，南昆山，南粤避暑天堂，养眼养心养胃。来或者不来，它都一直在那。若来，必不是一场错爱。

绿色原始，南昆山的慷慨馈赠

青梅酿酒醉红颜

品　　名：昆竹青梅酒
地　　址：惠州市龙门县龙谭镇
电　　话：0752–7690288
推荐指数：★★★★★

🚻 ⛰ 🅿

　　酒 是上苍对人类的恩赐，但不同的酒有不同的情怀。或温热，或酷冷，或浓烈，或清淡，或洒脱，或颓然，或豪放，或妩媚，但青梅酒却是另一种情怀。"郎骑竹马来，绕床弄青梅"，"青梅"二字因此总带着淡淡的、暖暖的甜和微微的酸，在不经意间就闯入了岁月的深处，将曾经的青涩记忆缓缓勾起。所以，"青梅"是小儿女情态的娇憨，青梅酿酒，就该是清浅、甜蜜和慵懒的红颜饮。

　　惠州龙门的青梅酒是青梅酒中的佼佼者。龙门青梅，产自青山绿水，清爽可口；酿酒的山泉历经曲折，从山中蜿蜒走来，清甜可人，因而酿出的青梅酒口感绝佳，若是常饮，能生津止渴、消除疲劳、养颜排毒。

　　初夏，畅游南昆山。黄昏时刻，我觉得心神倦怠，便

淡甜微酸青梅酒

到小卖店买了一瓶青梅酒。小卖店的老板长相斯文，他取了一瓶青梅酒，继而又放回了原位，含笑递了另一瓶冰藏的给我，并说："青梅酒，冰镇后口感更好！"我顿时笑了起来，这哪里是卖酒，倒像是卖饮料。可青梅酒，确实是酒，酒精含量虽不高，只有十几度，但后劲颇足。我找了个阴凉处，将青梅酒顺手捑开，霎时，青梅的甜酸和果香随着酒香淡淡地散发开来，蜜金色的酒液纯净浓郁，十分诱人。我轻轻抿了一口，口感甜润酸爽，恰到好处，酒气也温和，香醇饱满，让人愉悦。这口感竟是这么熟悉，我举瓶一看，不由得笑了，昆竹牌青梅酒，典型的女儿酒。我虽不擅饮酒，但丝毫无法掩饰对昆竹青梅酒的好感。试想，不管是清风明月夜，还是山风满襟怀，不管是一人行走在路上，或者朋友小聚，不管是忧伤满怀，还是人逢喜事，一杯青梅酒在握，饮至微醺时，带着一点宁静的醉意，酣然入梦，不失为人生一件乐事。

杜甫说："莫思身外无穷事，且尽生前有限杯。"青梅养生，酒香怡人，一日一杯青梅酒，日子的滋味，都涵括在独特的风味里了。这样的感觉，真好！

纯净浓郁的青梅酒

南昆有茶百岁老

店　　名：南昆山土特产一条街
地　　址：惠州市龙门县南昆山镇
推荐指数：★★★★★

茶是国饮，历史悠久。陆羽在《茶经》中说道："茶之为饮，发乎神农氏"。"柴米油盐酱醋茶""琴棋书画诗酒茶"，风雅世俗，皆离不了一个"茶"字，可见茶文化和"茶"一样，源远流长。"茶"究竟意味着什么？有人拆字做解，说茶意味着长寿，古人将108岁老人称为"茶寿"；还有人以为，"茶"字由草头、人和木字组成，可见人在草木之间，劝人远离尘嚣回归自然。一个笔画简单的"茶"字，意味竟这么深邃悠远，启人深思。若说人在草木间，能得自然之趣和长寿，南昆山人可谓福泽深远。

南昆山毛茶，原本产自南昆山云雾缭绕之处，长溪之畔，野生野长，全得自然之趣山水之恩。南昆山人入山采茶，得茶多少，全凭运气。今日虽有人将毛茶移居山坳栽

南昆有茶百岁老

种，但毛茶依然得山水眷顾，滋养一方百姓。南昆山人一年两次入山采茶，茶叶采回来后，经去涩、炒干、揉捻，呈条状，然后珍而藏之，一年、两年、三年，甚至十年、二十年，年份愈久，毛茶愈珍贵。南昆山人得了山水恩泽，喜好喝毛茶，故而寿星众多，毛茶也因此得了"百岁茶"这吉祥的外号，它也是南昆山最具药用价值和饮用价值的珍贵特产。

　　许多游人到了南昆山，经常会到南昆山镇土特产一条街或者附近农庄打听，"老板，有毛茶吗？"有或者没有，都是运气的事。得了毛茶的，喜滋滋，直呼幸运；不得的，也不气馁，继续询问，大有不得不罢休的架势。我于偶然间得了二两据说珍藏了十五年的毛茶。于是，煮水，洁具，温壶，置茶，倒水，洗茶，出汤，饮茶，平心静气，满怀虔诚。这十数年的毛茶，茶汤黄中带红，鲜艳亮澈。初入口时细品有微苦，让人轻拧眉头，这口感实在算不得是特别好的茶，可茶汤在口腔中略略停留之后，轻轻咽下，不一会儿，只觉喉间甘甜舒适，霎时让人神清气爽。这毛茶，未必是最好喝的茶，可这毛茶得了山中精气，当真是草木中的菁华。

鲁迅先生说："有好茶喝，会喝好茶，是一种'清福'。"我喝的未必是好茶，也不见得会喝茶，可每一个有茶的下午，我皆能心思澄澈，静享草木清气，望"以半日之闲"抵"十年之尘梦"。于丹说："一碗清茶入肚，将草木清气吸纳进自己的生命之中，让体内的浊气在茶中逐渐消解、宣泄。"如果能将这等安闲平和规划为生活常态，在草木体味茶意简化心情，茶寿之说，自非妄言。

南昆山"百岁茶"提醒我们的，不仅仅是喝茶的好处，更是唤醒了一种生活的态度，简朴、自然，然后才能得长寿。

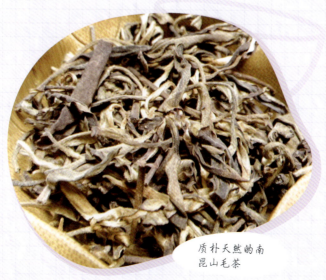

质朴天然的南
昆山毛茶

昔日贡品西溪笋

店　　名：南昆山土特产一条街
地　　址：惠州市龙门县南昆山镇
推荐指数：★★★★★

去岁七月底，小友萌在电话里说："姐，明天我给你捎点好吃的过来。"萌的老家在南昆山下，南昆山钟灵毓秀，"好吃的"自然是有的，而且还是山野的味道，我特别喜欢。

上午十点，萌提着大袋小袋进门了。萌像献宝一样，得意扬扬地打开袋子，居然是笋，有新鲜的笋，还有细心发泡好的湿淋淋的笋干。我笑话她："这么多，你准备开土特产店呢？"萌娇俏地白了我一眼说："真是不识货，这笋，名叫西溪笋！"西溪，真是有诗意的好名字！萌继续介绍道："这西溪笋已经有数百年的栽种历史，曾经是贡笋呢。西溪笋七月开始收成，八月丰产。眼下，正是吃西溪笋的好时节。今天，我就给姐来一席全笋宴！"

两个半小时后，萌终于从厨房里大摇大摆地出来了，

翠绿可爱的鲜笋

色泽金黄的西溪笋干

宣告全笋宴开始。

　　看着萌趾高气扬地将卖相奇佳的菜肴一碟一碟地端出来，我吃惊地发现居然真的是全笋宴。鲜笋炒五花肉、笋干炒腊肉、笋干焖猪肉、笋干蒸鸡，还有清炒鲜笋。作为全笋宴的主角，我不能不将注意力放在西溪笋上：鲜笋肉质鲜肥白嫩，笋干色泽金黄，薄如蝉翼。我迫不及待地夹了一块鲜笋入口，细细咀嚼。鲜笋肥嫩爽口甘甜，仿佛清泉流过舌尖。笋干香甜爽滑，甘美难言。我连连赞美道："太好吃了！"萌得意地笑着说："西溪笋长在没有污染的深山村落，是纯绿色食品呢！"没有污染，纯绿色！这不正是饱受工业污染的城市人对安全食物的终极追求吗？

　　自从"全笋宴"之后，我特意了解了一下西溪笋：西溪笋饱含蛋白质、胡萝卜素和各种无机盐及氨基酸，对人体健康实在有着诸多的裨益。健康美味自然，可以作为西溪笋的标签了。往后，我每次到龙门旅游，就算是上南昆山，也会特意在林林总总的山货里淘两斤西溪笋干回家，以满足自己的口腹之欲。只是，我在担心，名声日益隆盛的西溪笋，在今后漫长的岁月里，是否还能一如既往地保持来自大自然馈赠的一片纯真？

巽寮湾，
"东方的夏威夷"

店　　名：夜猫子美食城（巽寮湾店）
地　　址：惠州市惠东县巽寮湾新港村（海鲜市场旁）
电　　话：0752-8518085
推荐指数：★★★★★

憨态可掬的
剥皮鱼

巽寮湾，人称"东方的夏威夷"，以"石奇美，水奇清，沙奇白"著称，"蓝色翡翠"和"天赐白金堤"就是游人眼中的巽寮湾。这个坐拥大大小小九十九个洲（岛）的海滨宠儿，在盛夏时节，热闹非凡。

来到巽寮湾，最不能亏待的当然就是自己的胃。在巽寮湾，固然有着许许多多星级的大酒店，但在这些高大上的星级酒店里用餐似乎不如到热闹接地气的大排档更让人觉得随心随性。夜猫子美食城是旅人的上佳选择。

夜猫子美食城的菜式丰富，海胆炒饭、沙白蒸蟹、

营养美味的炒花甲

炒花甲、冬瓜海鲜汤、清蒸螃蟹、蒸龙虾、蒸各式海鱼、烤蒜蓉生蚝、蒜蓉蒸扇贝、姜葱炒花蟹、椒盐濑尿虾、香葱炒鱿鱼……各式海鲜美食令人垂涎不已。美食城的食材新鲜，菜式的分量足够，且丰俭由人，实在是不错的用餐体验。夜猫子美食城还有一样吸引食客的"秘诀"——秘制酱萝卜和咸柠檬七喜，也为美食城加分不少。到了巽寮湾，如果过夜猫子美食城而不入，恐怕会有些小小的遗憾。人在旅途，亲友在侧，如果兴致正好，不妨来一扎啤酒。吹吹海风，喝喝啤酒，吃吃海鲜，无限惬意。

如果觉得自己挑选海鲜的本事过硬，不妨到海鲜市场去走一走，看看海鱼在水里游动，看看花甲吐着沙，看看刚刚撬出的牡蛎引人垂涎，看看墨鱼洁白无瑕……然后挑一挑，美滋滋地将收罗来的海鲜双手提到市场附近的海鲜

清蒸螃蟹

加工大排档，优哉游哉地吃着就行了。如果觉得不过瘾，没有关系，还可以自己买回海鲜，在酒店里用自己带来的电饭锅蒸螃蟹、蒸濑尿虾，再煮个鲜美无比的沙白汤……千万不要疑惑，没有调料，这些海鲜可怎么吃？其实，原汁原味的海鲜，是最讨人喜欢的，真正懂得吃海鲜的人，要的就是唇齿间无处不在的无限纯粹和鲜美！

巽寮湾，这个粤东数百里海水最洁净的地方，艳阳蓝天银沙碧海，让人流连忘返，这里的海鲜让人回味无穷。这个盛夏，来吧！

口感脆嫩的香葱炒鱿鱼

双月湾的美食之约，你若来，必不负你

店　　名：双月饭店（大桥总店）
地　　址：惠州市惠东县港口大桥直走 20 米（港联酒店对面）
电　　话：18718158124
推荐指数：★★★★★

惠东双月湾，因在空中鸟瞰海湾似两轮相背的新月而得名，有意思的是，双月湾的左湾风浪平缓；右湾波涛涌动，蓄势待发。这两湾性格截然相反的海湾延绵 20 多千米，海沙洁白细腻，海水澄亮，海滩宽阔，在海湾上静静散步，有时还能有意想不到的惊喜：色彩绚丽的贝壳，是海湾奉献给客人最珍贵的礼物。

蔚蓝的大海、墨绿的林带、无垠的白沙、远处的岛礁、海上起伏的渔船，勾画出双月湾绝美如画的风景，以致每年都有大量的游客到双月湾休闲观光。他们或者在沙滩上烧烤，或者拔河游戏，或者骑单车，或者打排球，或者露营，尽享旅游度假的闲适惬意。当然，来到双月湾的游客，除了享受自然风光之外，还有另一个重要目的，就是参观亚洲唯一的大陆海龟自然保护区——海龟湾，这里的海龟

海景，日出

"呆萌"可爱，让人流连忘返。

可民以食为天，休闲度假总免不了要"吃一顿好的"。到了双月湾，"好吃的"自然还是海鲜。中餐或晚餐时分，很多游客会到港口观景桥附近"觅食"。这里的食肆大部分是大排档，每一家档口门前都满满当当地摆着各式海鲜，老板或者伙计会在档口热情地招揽食客。挑一家顺眼的大排档比如双月饭店，再认真挑一个一两斤重的新鲜墨鱼，一斤毛蚶（血蛤），一条金鲳鱼，一斤狗爪螺，甚至不必去考虑胆固醇和蛋白质，索性再来一斤有膏的鱿鱼仔。如果没有特别说明，老板会默认墨鱼白灼，千万不要以为厨师偷懒或者厨艺不佳，要知道，经得起白灼考验的海鲜才是最新鲜最美味的。

不一会儿，上菜了，白灼的墨鱼片雪白无瑕，香葱爆炒的膏鱿个个饱满，毛蚶流着"血"，清蒸的金鲳鱼飘着蒜香，狗爪螺"张牙舞爪"……这回，可以放开肚皮大吃一顿了。墨鱼片爽脆鲜美，根本无须任何调料；香爆的膏鱿一口咬下去，口腔里的"内容"满满。有的食肆甚至连膏鱿的墨汁也懒得挑去，直接将带着墨汁的膏鱿爆炒，乍一看墨黑墨黑的鱿鱼让人迟疑，可香喷喷的味道却让人从此难以忘怀。血红血红的毛蚶看着可怕，但毛蚶能润五脏、治酸痛，还有清热化痰的功效，营养价值极高。至于狗爪螺，我更喜欢叫它海鸡脚，人称"来自地狱的海鲜"。它生长在环境洁净的岛屿礁石缝隙里，味道鲜甜，肉质嫩滑，

雪白无瑕的墨鱼片

蒜香扑鼻的清蒸金鲳鱼

且有延年益寿之功。眼下海鸡脚数量越发少了，运气不好还真吃不上。金鲳鱼蒸得火候正好，让人迫不及待地下筷。

一顿让人意犹未尽的海鲜餐之后，饱胀的腹部提醒食客必须散散步去，那就去吧。那柔软的细沙，带着微腥的海风，还有那甚至不知从哪里飘荡出来的渔歌，都会让人沉迷忘返的。

爽脆鲜美的野生鱿鱼

优质的海鲜，大自然的馈赠

考洋洲，
那只硕大肥美的生蚝

店　　名：蚝乡农庄
地　　址：惠州市惠东县铁涌镇赤岸村（赤岸小学旁）
电　　话：0752-8356696
推荐指数：★ ★ ★ ★ ★

也许很多人都读过法国短篇小说巨匠莫泊桑的小说名篇《我的叔叔于勒》，或者还记得小说里时髦女搭客吸食牡蛎的情景："……她们用一种优雅的姿态吃起来，一面用一块精美的手帕托着牡蛎（即生蚝），一面又向前伸着嘴巴以免在裙袍上留下痕迹。随后她们用一个很迅速的小动作喝了牡蛎的汁子，就把壳子扔到了海里。"这一段描写，可见生吃牡蛎这种在欧洲被誉为"河中的牛奶"的举动是一种风尚。在中国，《神农本草经》记载："（牡蛎）久服，强骨节，杀邪气，延年。"《食经》亦云："牡蛎治夜不眠，治意不定。"可见，牡蛎营养价值之高，古今中外都有一定的共识。来到海滨城市旅行，如果没有饱餐一顿牡蛎，恐怕是一个不大不小的遗憾。

出了双月湾，可驱车直往铁涌镇赤岸村。赤岸村，地

体大肉肥的赤
岸蚝

处考洋洲，是著名的"蚝村"，享有"蓝色牧场"的盛誉。
这里养殖生蚝已经有两百年的历史，"赤岸蚝"体大肉肥，
获得国家相关部门颁发的"无公害农产品认证书"，是"广
东省名牌农产品""惠州名优农产品"，远销江浙、港澳等
地。如果过赤岸而不入，恐怕真的是对不起自己的。那么，
一场"寻蚝"之旅势在必行。赤岸村不大，美食店也不是
特别多，值得一去的是一家名叫蚝乡农庄的食肆。

　　蚝乡农庄主打的生蚝吃法是"生蚝火锅"，硕大肥美的
生蚝新鲜无比，且价格实惠，点数斤生蚝，配上野生的泥
猛鱼、唱歌婆、虾蟹、马鲛鱼丸，都是特别棒的选择。等
火锅里的水沸腾了，生蚝下锅，让它在沸汤里滚几滚赶紧
捞起来，时间不能久，煮老了可不好吃。需要小心的是，

心急吃不得热豆腐，千万不要让生蚝鲜美的汁液烫伤了唇舌。待美食入口，或许可以闭上眼睛，细细品味口腔里的鲜嫩甜美。赤岸村的环境无污染，各种海鲜可以敞开肚皮吃，因为生蚝对污染敏感，如果海水重金属超标，生蚝难以存活。如果对生吃生蚝感兴趣，也可以试着自己动手，用撬生蚝的专用工具撬开外壳，取出生蚝，滴几滴柠檬汁，这种极其原始的吃法也是特别美味的。待生蚝吃得差不多了，可将泥猛鱼或者唱歌婆下锅了。野生的鱼类新鲜得很，扔下锅了有些还在跳动。一场和"文明""高尚""派头"完全扯不上关系的风卷残云之后，如果还意犹未尽，可以再点几个碳烤生蚝、鲜炸生蚝，甚至来一碟蚝干炒饭也不过分。就这么一次将生蚝的种种吃法试个遍，好好犒赏一直渴望美食的胃。

在赤岸村一顿胡吃海塞之后，如果时间还早，如果天

开胃甜美的
咸菜煮生蚝

气晴朗，不妨再前往惠州最大的海岛盐洲岛，那里可是典型的原生态天堂。盐洲岛虽然多年"养在深闺人不识"，但大片的滩涂、大片的红树林、大片的国家湿地公园，数万只白色鹭鸟引得喜欢寻幽探密的"驴友"和摄影发烧友纷纷踏足。日落时分，小舟横渡，万丈霞光披落在红树林、滩涂上，无数的鹭鸟沐浴着金红色的霞光翩翩起舞，"落霞与孤鹜齐飞，秋水共长天一色"，不正是魅力盐洲岛最真实的写照吗？

肥美爽滑的蒜蓉烤生蚝

木瓜，
传说中的女性之友

店　　名：周记木瓜专业合作社
地　　址：惠州市惠阳区平潭镇平潭村
电　　话：15811902961
推荐指数：★★★★★

"投我以木瓜，报之以琼琚，匪报也，永以为好也！"（《诗经·卫风·木瓜》）这来自遥远年代的传情达意让我对木瓜产生了些许好奇。但此木瓜非彼木瓜。《诗经》里的"木瓜"原产中国，但不能生吃；今天被誉为"热带三大草本果树"之一的木瓜其实是外来物种，应该叫番木瓜，原产地是墨西哥，我姑且称它为水果木瓜吧。

作为岭南佳果之一的水果木瓜，在岭南深受广大百姓喜爱。它皮光肉厚，甜美多汁，香气馥郁，且富含多种维生素和多种氨基酸，营养价值极高，被粤人誉为"百益之果""水果之皇""万寿果"。粤人对水果木瓜的喜欢几乎到了无以复加的地步，尤其是女性。喜欢生吃的，直接切开了，将里面的黑籽挖出，切了块或者拿汤匙挖着吃。还

"百益之果"——水果木瓜

美容养生木瓜鸡爪汤

有另辟蹊径的，将水果木瓜做成了各种甜品和菜肴，让木瓜的营养价值和舌尖上的需求结合得天衣无缝。比如木瓜银耳汤，减肥美容；木瓜酸奶昔，美容养颜抗衰老；木瓜红枣炖鲜奶，补钙又安神；木瓜炖雪蛤，美容养颜兼强身健体……更有意思的是，在化妆品界中木瓜的影子也屡见不鲜，木瓜香皂、木瓜洗面奶、木瓜护手霜，消费的对象都指向爱美的女性。所以，将木瓜称为女性之友不是没有依据的。

为了能让更多人吃上更优质的水果木瓜，同时也创造更大的经济效益，粤人进行了大胆的尝试。在惠州市惠阳区平潭镇平潭村的周记木瓜专业合作社，一种用牛奶种植的牛奶木瓜"横空出世"。这种吃起来有牛奶味的木瓜大受市场欢迎，它"雄赳赳气昂昂"地迈向深圳、东莞、香港、澳门和北方各大城市，毫不费力地征服了人们日益挑剔的味蕾。

水果木瓜，岭南佳果，女性益友，说不尽的木瓜美容养颜经。如果来到了岭南，不亲自尝一尝，怎么能甘心呢？

岭南佳果，女性益友

养颜美白的木瓜炖牛奶

麻陂肉丸，据说可以当乒乓球打的小丸子

店　　名：永康肉丸馆
地　　址：惠州市博罗县麻陂镇205国道旁
电　　话：0752-6130036
推荐指数：★★★★★

"麻陂肉丸"，一个带着浓浓乡土气息的名字，简单直白，一看就让人明了它的"身世"和"真面目"。没错，"麻陂"是地名，一个小镇；"肉丸"则是以猪肉为主料的丸子。这看似寻常的小丸子，其实并不寻常，一是它有历史，已经传承百年；二是它有名气，其制作工艺被列为"博罗县非物质文化遗产"；三是它深受食客欢迎，甚至还销往深、港、澳等地区。

在东江惠州，尤其是在博罗县，"麻陂肉丸"是当地一张闪亮的名片。客人到了麻陂镇，主人定要以"麻陂肉丸"待客，以显诚意；客人离开，不带走"麻陂肉丸"，行程就显得不圆满。正因为"麻陂肉丸"声名远扬的缘故，在博罗地区，名为"正宗麻陂肉丸"的商铺随处可见，在麻陂

镇的街头巷尾，"麻陂肉丸"也以它乡土式的可爱频频招揽生意。这白花花的小丸子，让人眼花缭乱，真不知道谁才是"正宗"。其实，舌尖上的真实感受才是检验美食的唯一标准。

麻陂镇的永康肉丸馆，就是用口碑树立小丸子美好形

麻陂肉丸汤

雪白可爱的小丸子

象的代表。"永康"的肉丸采用新鲜猪后腿肉制作，用手工捶打。据介绍，"永康"制作肉丸的技艺已经传承百年，历经五代人，至今还保留着用铁杆捶打肉丸的传统。这样的历史，自然很吸引人。但是，口味才是取胜的硬道理。

或许是出于对食客的体贴，"永康肉丸"个头大小适中，一口一个正好。肉丸因为经过了恰当时间的捶打，一口咬下去，满口爽脆弹牙，肉丸"可以当乒乓球打"当然是夸张的说法，但在口腔里弹跳，还真不是传说呢。细细咀嚼，肉丸肉味纯正鲜美，胡椒味恰到好处，没有过多的添加，让人吃得舒心。当然，永康肉丸馆不仅用心做肉丸，也在陪衬肉丸的辅料上下足功夫，比如一碗简简单单的肉丸米粉，从肉丸到香醇的汤底、筋道的米粉，无一不让食客感受到其烹饪美食的诚心。如果一碗肉丸米粉不足以解馋，不妨再来一碗清香肉丸汤，据说这是"麻陂肉丸"最著名的吃法，肉丸爽滑爽脆，高汤鲜美香浓，点点翠绿的芹菜末或香葱末清新可人，满足口腹之余还养眼。临行前，别忘了将肉丸"兜着走"，回到家里，或清炒或上汤，都是对家人和自己的犒赏。

横沥汤粉，
十足平民气质的美食

店　　名：横沥金华汤粉
地　　址：惠州市惠城区横沥镇
电　　话：0752-3185583
推荐指数：★★★★★

作为东江惠州著名的小吃，具有百年历史的横沥汤粉曾经风光无限，在惠城大街小巷，大书"横沥汤粉"的店铺比比皆是，论在惠州汤粉界的"江湖地位"，不管是论口碑还是论实力，横沥汤粉都是名副其实的"一哥"。

在惠州，尤其是在惠城，横沥汤粉是很多市民早餐的首选。清晨，上班的、上学的，行色匆匆，可一碗热气腾腾的横沥汤粉总能勾起他们的食欲，因为用猪筒骨等慢炖的独家汤底鲜美香浓，配菜营养有滋味。说起横沥汤粉的配菜，不外乎是肉丸、卤猪脚、卤蛋、猪皮和牛腩，并没有给食客过多的选择余地。但横沥汤粉的特点就在于那寥寥几样的配菜各有特色，比如肉丸弹牙，猪皮爽脆，卤蛋色泽诱人、滑嫩有嚼劲，卤猪脚皮红肉香味道浓郁，牛腩

平民美食横沥汤粉

更是肥嫩肉质鲜美。食客可以自由选择，或六元，或八元，或十元，价格极其亲民，店内员工相貌平凡、衣着朴实，会根据价格配菜，或猪脚猪皮，或卤蛋肉丸，或牛腩肉丸，或猪脚卤蛋，铺在质朴瓷碗里的河粉上面，再撒上翠绿的葱花，浇上汤底，一碗横沥汤粉便做成了。服务员将汤粉往简陋的木质餐桌上一放，食客则随意地往塑料凳上一坐，便可以喜滋滋地开吃。不一会儿，食客满足地抹抹嘴，开始一天的学习或工作。这样的情形，年复一年日复一日地上演，粗瓷碗、木餐桌、塑料凳，数十年不变的汤粉"标配"，以亲民的价格和外观满足着普通老百姓对美食的朴实追求。

时过境迁，在美食选择越来越丰富的今天，横沥汤粉的境遇已经大不如从前，但作为惠州的名小吃，横沥汤粉从来就没有退出美食市场的打算。历经沧桑的它依然保持着亲民的面貌，在城市的角落里，坚守着美食的底线，并努力寻求革新和突破。在大大小小的横沥汤粉店中，"横沥金华汤粉"便是其中的佼佼者。"金华汤粉"的创始人变革汤粉配方，改善就餐环境，招收徒弟，用二三十年专心致志为一碗汤粉的突围打响了漂亮的一战。如今，"横沥汤粉"已经走出惠州，在深圳、广州等地延续着它的平民风格和美食传奇。

　　美食的沧桑是美食的底蕴，美食的根基则在于百姓的口碑，"横沥汤粉"，就这样平实地盛开在百姓的嘴边和胃里，低调而真诚地存在着。

牛杂横沥汤粉

猪脚肉丸横沥汤粉

造漆厂

上津

师范学校

景山

镇记老尾牛杂

汽车总站

古城美食府

永兴餐厅

韩文公祠

客运总站

开元寺

前街

枫春海鲜大排档

凤凰台

粤兴牛坊

慧如公园

胡荣泉小吃

厦寺

蔡陇

铺上

水头

田心

Part 3

潮水往复处，
细品那韩江的清韵

潮州，是一座神奇的城市，是一座能走进你心坎的历史名城，是一座能牵绊你舌尖、胃肠的美食之都，尤其是后者，海鲜、素菜、甜食，千百年来，上演着一场又一场从不曾让人失望的饕餮盛宴。

金不换炒薄壳

店　　名：枫春海鲜大排档
地　　址：潮州市湘桥区枫春路和彩虹路交叉口
电　　话：0768-6875000
推荐指数：★★★★★

说起潮菜，很多人的第一反应就是海鲜。确实，号称"海滨邹鲁"的潮州，海岸线长，海域广，岛礁众多，境内河流纵横，最不缺的就是海鲜、河鲜了，名贵的如龙虾、石斑、海马，大众的有薄壳、牡蛎、紫菜。在外地人看来，每天吃不完的海鲜宴实在令人羡慕。确实，年年岁岁日日夜夜被海鲜包围着滋润着的凤城人（潮州，人称凤城）是幸运的，能靠海吃海，更重要的，他们能凭借着天生对海鲜的敏感、对食材的深刻了解，以及味蕾的挑剔需求，烹制出一道又一道极其美味的菜肴，哪怕是再廉价再寻常不过的薄壳，也能成为人们念念不忘的舌尖宠儿。

薄壳，在种类庞杂、声势浩大的海鲜群体里，实在算不上引人注目，生存在滩涂中的它，聚团而居，一扯就是一大团一大片，可谓廉价至极。可聪慧的潮汕人，硬将它烹制成一道老少咸宜的美味佳肴。

　　每年的八月至十月，是吃薄壳的好时节，这时节到了潮州，绝对不能与薄壳擦肩而过。夜幕降临的时候，寻了枫春海鲜大排档坐下来，点一道大名鼎鼎的金不换炒薄壳。所谓的金不换其实就是罗勒。不过就是几分钟的时间，一碟张扬着金不换清香的薄壳就上桌了。请不要惊讶于这样的上菜速度，爆炒薄壳速度要快，用大火炒，只要薄壳"见光"，菜肴就可以上桌了，时间前后不会超过三分钟，是一道典型的"快手菜"。薄壳一上桌就赶紧动口吃

芳芳袭人的金不换

金不换与薄壳的绝妙搭配

吧，否则，薄壳肉会因失水而不够甜美多汁，便白白浪费了一道美味佳肴。这会儿，薄壳入口，食客用灵巧的舌尖挑出肉质，细细一嚼，美味多汁。而金不换的香气温和清扬，不动声色地便填满了口腔，它实在是爆炒薄壳的绝配，既不会夺了主料的味道，又能让人牢牢记住它的香气，让人深深感慨香草与主料的相得益彰，像天生一对似的。吃薄壳的时候，不妨观察一下，肉质呈橙黄色的是雌性，呈乳白色的是雄性，不过，美味和雄雌关系不大，只要个大肉多，便是上佳的。通常，吃薄壳会"上瘾"，完全是"根本停不下来"的节奏，潮汕话里有一俗语，叫"吃薄壳找不到屐"，意思是说，上了一碟又一碟的金不换炒薄壳，结果薄壳的外壳落在地上，将脱在地上的木屐也给掩盖住了。可见薄壳的魅力实在是无法阻挡的。其实，有什么关系呢？薄壳价格低廉，营养丰富，含多种微量元素，能调血脂平咳喘，如果喜欢，就多上几碟吧。这回，别忘了叫上一瓶啤酒，吃着薄壳，喝着啤酒，吹着古城的夜风，感受着来自文化名城的气息，不是一件挺惬意的事情吗？

会让人"上瘾"的金不换炒薄壳

N种海鱼的N种吃法，各有各的精彩

店　　名：枫春海鲜大排档
地　　址：潮州市湘桥区枫春路和彩虹路交叉口
电　　话：0768-6875000
推荐指数：★★★★★

作为滨海城市的潮州，鱼类是人们餐桌上司空见惯的菜肴，"凡饭必鱼"不是夸张的说法。因而，作为借重海鲜为最大特点的潮菜，对于如何烹制鱼类，

清蒸海鱼

外脆里嫩的煎黄脚立

自有一整套的绝活，比如焖、煎、蒸、半煎煮……可谓是使出了浑身解数。

　　曾经有很长的一段时间待在凤城，无鱼不欢的我几乎每一天都会和当地的家庭妇女一样，一大早地赶往枫春市场。枫春市场的水产品在我眼里，可以用"琳琅满目"来形容：鲜虾在水里跳跃，螃蟹被网格困在大盆里，活鱼在水里游动，各种贝类半开半合，输送氧气的管子斜搭在水盆边上，欢乐地冒着泡。各种身上犹自泛着银灰色的鱼类整齐地排列在鱼摊上：肉质较粗的巴浪价格低廉；金线鱼外表艳丽，惹人青睐；野生的小黄鱼个虽小，但营养价值高；带鱼滑溜，银光微闪；黄脚立正肥美，值得带半斤八两回家；马鲛鱼骨多刺少，肉质细嫩；马头鱼样子憨憨的，坊间传闻，吃马头鱼可美容瘦身；金鲳鱼清蒸不错；沙丁鱼娇小修长；剥皮鱼堆得老高；鳗鱼也有，开了刀，一截一截地卖，美味健康的鳗鱼是很多家庭主妇的选择……高档的鱼类也有很多，都在水盆里活蹦乱跳地游着，林林总总，都是寻常百姓的寻常选择。可就算是寻常鱼类，经过巧手烹饪，也能调制出绝佳的味道。

　　用来清蒸的鱼，必须新鲜且腥味较轻，比如金鲳鱼。往鱼身上抹了花生油，下锅以猛火清蒸。鱼在锅里，人也不能闲着，剁了蒜蓉，烧热了锅，倒入适量的花生油，将蒜蓉炸得金黄金黄的，起锅后将生抽和在蒜蓉里。计算着时间，将鱼起锅，先倒干净盘子里的鱼汁，最后淋上蒜蓉生抽花生油，一道清蒸金鲳鱼就大功告成。这样的清蒸鱼，肉质嫩滑，入口清甜，让人回味。肉质紧实的红目鲢鱼也适合清蒸，蒸熟之后的红目鲢鱼扒了厚厚的鱼皮，蘸着普宁豆酱吃，也格外美味。

鲜嫩爽滑的剥皮鱼

肉滑滋补的香酥小黄鱼

野生小黄鱼和沙丁鱼属于一类，非常适合香煎。先用些许盐将鱼腌了（潮汕鱼摊通常都会提供粗盐腌鱼），过一会儿洗净沥干水分，待锅烧热下油，等锅里的油到了一定的温度，将鱼整齐地排列在锅里，用筷子适时给鱼翻身。这绝对是技术活，既要保证色泽金黄，还得保持鱼身的完整，不是一朝一夕就能练成的功夫。尤其是香煎野生小黄鱼，鱼小肉嫩，鱼身容易破损，但厨房那点事，对擅长炮制各种鱼类的潮汕人来说确实是小菜一碟。不一会儿，香煎小黄鱼入碟上桌，色、味俱全，可以下筷了。

我特别喜欢的泥猛鱼，在潮菜里的做法也别出心裁，叫酸梅泥猛鱼。先将新鲜的泥猛鱼处理干净，在鱼身上划几刀以便于入味，备好姜丝、芹菜、酸梅和酸梅汁，将锅烧热下适量的油，姜丝爆炒出香，倒入一定量的水煮滚，接着下酸梅和酸梅汁，等锅里的水再次滚沸的时候，泥猛鱼下锅盖盖。不一会儿，待鱼汤呈乳白色，将大火转中火，往汤里撒下芹菜段。鱼很快出锅，装盘之后在鱼身上点缀些许香菜即可。这道菜既可口开胃，营养价值也高，颇受人们欢迎。

一些腥味较重的鱼则比较适合半煎煮，比如马鲛鱼，煎是为了压住腥味，煮是为了能让鱼更温润入味，这样的做法，鱼肉清香嫩滑，煎炸的部分香酥可口，腥味全无，实在是绝妙的烹调方法。

潮菜里关于鱼类的烹调方法，当真说得上是"一鱼一法"，恕我孤陋寡闻，说不透这其中的精妙。老子曰："治大国，若烹小鲜。"这"烹小鲜"何尝不是智慧？

细嫩鲜爽的马鲛鱼

那一锅清汤牛肉火锅的淋漓尽致

店　　名：粤兴牛坊
地　　址：潮州市潮安区彩虹路粤海花园新区 44 号
电　　话：0768-2688555
推荐指数：★★★★★

牛肉，在国人的餐桌上，据说人均消费量仅次于猪肉，深受普罗大众的喜爱。中医以为，牛肉可以"补中益气，强健筋骨，滋养脾胃……"好处多得十个手指都数不过来。确实，牛肉除了味道鲜美之外，其营养价值之高更是让人刮目相看。所以这些年，国人对牛肉的青睐有增无减，吃法也越发多样。但是，关于牛肉的吃法，最具特色、最贴近牛肉本真的，恐怕就是潮汕的牛肉火锅了。

我每次到潮州，只要时间允许，一定会上潮州官塘或者是市区的粤兴牛坊去吃一餐特别过瘾的牛肉火锅。

最近一次到粤兴牛坊用餐是去年的事情了。当时带着一个小姑娘，又狠狠地和牛肉火锅"缠绵"了一回。同去的小姑娘尽管在很多年前曾去过一回，但多年之后居然还

营养丰富的牛肉

清汤牛肉火锅配菜——牛筋丸

熟门熟路，一进餐厅便豪爽地点好了菜：牛肉三份、牛筋丸两份、牛百叶一份、牛肚一份、玉米烙一份、牛肉炒饭一份，配菜是萝卜青菜。我瞪了她一眼，问她："就两个人，点这么多，能吃得完吗？"小姑娘将素日的勤俭抛到九霄云外，她说："难得来一回，吃个痛快呗！"

远近驰名的粤兴牛坊

　　火锅很快上来了，还是牛骨清汤锅底，汤里漂着几片苦瓜。很好，唯有不掺和其他杂味，才能更好地体验牛肉的美味。我问小姑娘，需要什么蘸料。小姑娘盯着服务员一碟一碟地上菜，口里应对着说："还能要什么蘸料？不就是沙茶酱吗？"确实，餐厅里也不过就是豆瓣酱、沙茶酱和辣椒酱等寥寥数种，小姑娘和我一样固执地以为，沙茶酱是吃牛肉火锅的最佳调料。

　　火锅里的清汤烧开了，牛骨汤的香气随着热气飘浮起来，小姑娘迫不及待地将盘子里犹自泛着光泽的牛肉倒在漏勺里，让牛肉在牛骨汤里滚了几滚，马上捞起来蘸了沙茶酱就往嘴里送，满满一副"饿鬼投胎"的模样。这火锅确实相当美味，牛肉片三连一刀，薄而大片，入口鲜嫩，味道鲜美。小姑娘很快"消灭"了三碟牛肉，接着就是向她最喜欢的牛筋丸"开刀"的时刻了。牛筋丸还是记忆中的味道，爽口弹牙，牛筋丸里还渗着汁水，轻轻一咬，甜美的汁水直射口腔，让人惊喜……待到玉米烙上了桌，我已经撑得有些动弹不得，可小姑娘轻嗅着玉米烙的香气，手里筷子的游走速度依然快得让人惊讶。

好不容易从粤兴牛坊里出来，我忍不住哀叹了几声："接下来的一周可再不能吃肉了！"小姑娘气定神闲，满足地打了个饱嗝，横了我一眼道："回去吃几天白粥，算是清肠胃啦！"我嘲讽她说："这是何苦？"小姑娘还是那句话："难得这么痛快地吃一顿嘛！值啦！"我笑，是的，能让自己痛快地吃一顿，也是一种福气吧。晚上入睡，说不定梦里还会出现粤兴牛坊"够弹、够劲、够香"的牛筋丸广告词呢。

引人垂涎的牛肉火锅

各种"烙"的滋味

店　　名：粤兴牛坊
地　　址：潮州市潮安区彩虹路粤海花园新区 44 号
电　　话：0768-2688555
推荐指数：★★★★★

潮汕大地，最不缺的就是小吃，各种各样的小吃，味道勾人且闻名遐迩，让人牵肠挂肚。依旧是这家非常著名的粤兴牛坊，店内的各种烙诱惑得你不忍挪动半步。

煎蚝烙，厦门叫"海蛎煎"，台湾地区称"蚵仔煎"，是潮汕小吃中的明星，无论是城市餐馆或者乡村市集，还是大排档或者高级酒店，都有它活跃的身影，几乎就成了潮汕小吃的形象代言。煎蚝烙的食材很简单，地瓜粉、生蚝、葱花、蛋、香菜和鱼露，在潮汕的普通人家，做起这道小吃来都是再熟悉不过的了。正宗的潮汕煎蚝烙色泽金黄，嫩绿葱花暗隐在蚝烙里，分外引人注目。这酥香鲜美、软硬合适的煎蚝烙，营养丰富全面：生蚝能滋补强健，功效多种，地瓜粉能降火，蛋（鸡蛋或者鸭蛋）的营

久负盛名的民
间小吃煎蚝烙

金黄香脆的玉米烙

养更无须介绍。煎蚝烙必须趁热吃，所以容易上火，除此之外，似乎没有别的坏处了。试问，到了潮汕，能不一尝为快吗？

我对玉米烙可说得上是百吃不腻，我平日在家中也曾多次尝试着自己煎烙，但不知是手生的缘故，还是不得潮汕小吃做法精髓的缘故，总不能做出让自己满意的玉米烙。所以，有机会到潮州，总要好好安抚一下对玉米烙渴望已久的肠胃。我喜欢玉米烙，喜欢它一副金黄贵气的模样，虽然是一道小吃，但依旧盛装示人，与傲娇的海鲜摆在一起，丝毫不输气场。我还喜欢它的入口松脆、香甜可口、营养丰富、健脑益智，实在算得上是一道健康的小吃。

南瓜烙和青瓜烙，与玉米烙的做法大致一样，但各具特色。南瓜烙黄中透亮，香气高扬，但口感富有南瓜的清甜，能帮助消化，又能解毒；青瓜烙翠绿可爱，清香可口，可清热利尿，而且饱含矿物质。

我羡慕潮汕人在饮食方面的智慧，他们尽其所能，将每一道菜，哪怕只是饭后的点缀——小吃都能烹制得营养健康、色相可人，这样的精美追求和匠心独具，怎能不让人钦佩？

寻常一碗牛筋丸粿条

店　　名：镇记老尾牛杂
地　　址：潮州市湘桥区西湖公园正门附近
电　　话：0768-2289622
推荐指数：★ ★ ★ ★ ★

牛筋丸粿条是一碗再寻常不过的潮汕小食。走在潮汕的大街小巷，一转身，一回眸，味蕾和美食的美丽邂逅，从来都不必刻意经营，更不必费神地按图

嫩白修长的粿条

汤浓肉香的正宗牛杂

索骥。这样亲民的小食，亲近它，爱上它，不费吹灰之力。

我爱它，历时久远。记得曾经有十年的光阴，我奔走在广梅汕铁路上，铁路线蜿蜒，一头是"粤东重镇"惠州，一头是"海滨邹鲁"潮州，一样的文化重镇，不一样的两城生活，给了我足够的时间和灵感去仔细品味潮汕大地的点点滴滴。那时候，一碗平平常常的牛筋丸粿条，莽莽撞撞地撞击到我的舌尖，从此我对它情有独钟，且历久弥新。

倘若此刻的你就徜徉在潮汕大地上，偶或一抬头间，见着了这家镇记老尾牛杂，虽然陈设简陋，老板娘也是老态龙钟，招牌也不够光鲜。但我相信，很久之后，你还会记得小店里的情景：一锅牛骨汤在翻滚着骨髓里的精华，半指粗细的粿条嫩白修长，几粒牛筋丸在汤头里沉浮。不一会儿，老板娘利索地将过汤的粿条倒入大瓷碗，撒上炸得金黄的蒜蓉，再浇一勺清淡却不寡味的汤水，放入外表平实的牛筋丸，蘸些许油星，最后撒上青绿的芹菜细末，当然，少不得的还有一小碟牛筋丸的绝佳伴侣——潮汕本土出产的沙茶酱。我喜欢这样的搭配，汤底清淡却有滋味，长时间的熬制，让汤底有了征服舌尖的底气，芹菜末和炸香的蒜蓉浓郁了汤底，且给粿条增添了色彩，映衬着粿条的嫩白。好一碗清清白白、有滋有味的美食，看得见的平凡和精彩，看不见的美味却实实在在。牛筋丸爽口多汁，粿条香滑微韧，汤水清雅留香。一会儿工夫，你的碗底就见空了。我深信，你一定意犹未尽，但请相信，不要再上一碗，因为潮汕美食太多，而你的胃却只有一个！

爽脆弹牙的牛筋丸

胡荣泉小吃，
舌尖上的传承

店　　名：胡荣泉小吃
地　　址：潮州市奎元路 B1-41 号门市
电　　话：0768-2270477
推荐指数：★★★★★

说到潮汕小吃，我会说：平实，接地气，选料广博，制作独具匠心，有荤有素，蒸煎烤炸全都有，且透着浓浓的乡土气息。当然，还可以说历史悠久，家族庞大。末了，我还得说一句：让人眼花缭乱！

是的，就是眼花缭乱！有人对潮汕小吃进行了总结，列出了"潮汕十大特色小吃"的名单：牛肉丸、乒乓粿、潮汕肠粉、春饼、糯米胀猪肠、腐乳饼、潮州粿条、芋丸、尖米丸、猪脚圈。潮汕小吃除了是本地人的心头好之外，在外地也一样脍炙人口，引得许多食客慕名而来。但潮汕小吃的种类实在多如过江之鲫，且散落在凤城的大街小巷，为了省时省力，不如就去有着"百年老字号"之誉的胡荣泉小吃逛逛吧！

胡荣泉小吃至今已经传承三代，既有继承，又有创新，

馅多皮薄的菜粿

是海外华侨、国内外游客到潮州古城必去的地方。到了胡荣泉小吃，不妨试试他们推荐的美食，如绿豆饼、鸭母捻、腐乳饼和春饼。

绿豆饼，浅黄色的外表，皮有多层，但极其薄脆，轻轻一咬，脆皮在口中化开，甜馅绵软润滑，甜得恰到好处。这显然是老少咸宜的小吃。绿豆饼除了口感极佳之外，绿豆本身还有清热解毒、抗菌抑菌的功效。

鸭母捻，和鸭子一点关系也没有，它其实就是一种有馅的糯米汤圆。胡荣泉小吃的鸭母捻有多种不同的馅，如红豆馅、绿豆馅、香芋馅等。一碗鸭母捻里除了三颗不同馅的汤圆，还配有莲子、银耳、香芋等，可谓内容丰富，味道当然也是不错的。

春饼，又名潮州春卷，以"金黄美观、外酥里嫩、味浓香郁"而著称，据说早在东晋时就问世了。春饼春饼，取其"生发迎春"之意，是一种好兆头意味的小吃。胡荣泉小吃的春饼馅料多样，味道饱满，很是实在。

　　腐乳饼，制作考究，外形娇小，有南乳、蒜头和酒的味道，根据它制作过程中所用的食材来判断，营养应该比较丰富，非其他饼类可比。就算看起来有些油，也不腻，不妨一试。

　　当然，除了胡荣泉小吃，凤城可寻觅小吃的地方多得数不胜数，我甚至觉得，连古城的上空都大张旗鼓地飘着各式小吃的味道。徜徉在这样随时能满足口腹之欲的古老城市，是不是一种不可多得的幸福呢？

百年传承胡荣泉

潮汕传统小吃桃粿

多种多样的小吃

护国菜，普通食材和贵族身份的奇妙融合

店　　名：古城美食府
地　　址：潮州市湘桥区开元路开元广场 E 栋 12–14 号
电　　话：0768–2221398
推荐指数：★★★★★

　　　道菜肴如果能穿越时空的层层帷幕长久流传，除了它能给人们带来舌尖上的愉悦这个原因之外，还因为它能传递一种精神的能量，给予灵魂某种滋养。护国菜，或许正是如此。

碧绿可人的护国菜

寻常食材番薯叶

南宋末年，风雨如晦。南宋政权摇摇欲坠，少帝赵昺在风雨飘摇中一路南逃，入境潮州，落脚深山古刹。少年君主背负着南宋政权生死存亡的重任，却惶惶如丧家之犬，可怜可叹。古刹中的一位僧人虽幽居深山，潜身世外，但未敢忘国忧。他虽然自己三餐不继，却不忍见少帝饥寒交迫，焦虑之下，摘得一把番薯叶，为少帝制作了一碗热汤。热汤碧绿鲜美，少帝大喜，用后赞赏有加。少帝感动于僧人的护国护君之心，遂为这一碗由番薯叶炮制的汤品赐名"护国菜"。

这是一个有纰漏的故事。番薯的原产地是美洲，美洲的物产进入其他大洲，最早也得在 15 世纪末 16 世纪初的地理大发现之后。因此，有人怀疑这故事的真实性，当然，也有人说，这故事中的番薯叶应该是普通的野菜。其实，抛开故事的真伪不谈，人称"滨海邹鲁"的潮州文化昌盛，不问世事的僧人亦能有护国护君的拳拳爱国之心，自当是意料中的事情。所以，护国菜的传说有何不可？但凡一种物质的存在，肯定是有着自己独特的文化内质，这种内质一旦能被当地民众深深认可，它就有了生存的价值和传播的土壤。

今天的护国菜，是潮菜中的上品，俨然是菜肴中的贵族。它的色泽如翡翠般碧绿，入口则软滑细嫩，轻嗅又清香扑鼻，确实具备菜肴上品的资质。护国菜的食材固然还用番薯叶，但北菇、火腿茸甚至是老鸡、瘦肉、排骨、虾蟹等肉质或海鲜的"加盟"，无疑大大提升了菜肴的品质。除此之外，今天的护国菜"颜值"更高，厨师将蛋清调入碧绿的汤品中，细心勾勒成绿白相称的阴阳鱼图案，更符合中国人的审美文化情趣。

对于这样一道品相味道俱佳的菜肴，能用心尝一尝，养身之余还养眼养心，谁能说不是一举三得的好事情呢？

如果哪一天到了凤城潮州，在著名的牌坊街逛得累了饿了，不妨进入古城美食府，好好满足口腹之欲。古城美食府舒适宽敞，菜式丰富，"太极护国菜"更是美食城的招牌菜之一。作为食客，总不能与大名鼎鼎的护国菜擦肩而过吧？

潮州古城美食府

潮菜里的酱碟世界，
配料里的大观园

品　　名：迎春楼牌沙茶酱
地　　址：潮州市各大超市
推荐指数：★★★★☆

初窥潮菜，或许会在一碟又一碟的酱料面前犯晕。那各种颜色、各种味道，简直就是餐桌上的迷魂阵，让人晕头转向无所适从。所以，认识潮菜、了解潮

风味独特的
辣椒酱

酸甜可口的番茄酱

菜的切入口，或者就应该从揭开酱碟乾坤的面纱开始，否则，食不知味、食不得味。

潮汕饮食中对酱料的注重，至少从唐代的时候就开始了。唐代名家韩愈曾远谪潮州，初来乍到的他对潮州饮食既诧异又好奇，于是创作了五言律诗《初南食贻元十八协律》。他用白描的手法描述了潮州饮食中众多的海产品原料，也生动、具体地描写了潮州当地民众的饮食习俗："我来御魑魅，自宜味南烹。调以咸与酸，芼以椒与橙。"至于潮汕饮食为什么注重酱碟，恐怕是和潮汕饮食多以海产品为食材和饮食清淡有莫大关系，久而久之，就成了独特的饮食习俗。在潮汕的饮食上，如果少了酱碟的点缀，就一定少了舌尖上的饱满。可以这么说，缺了酱碟调味的潮菜，恐怕得和正宗擦肩而过了。

潮汕饮食中常见的酱碟虽多，但了解起来也不算是太难的事。如茶沙酱，色泽淡褐，呈糊酱状，味道咸鲜，伴有轻微的甜、辣，它还有另外一个名字，直接从潮州话中得来：沙嗲；普宁豆酱，呈金黄色，咸鲜带甘，最适宜烹煮鱼类；鱼露，又称鱼酱油，咸鲜美味，呈极好看的琥珀色，蘸点水产品最合适；蒜泥醋，用蒜泥和潮汕本地出产的醋调制，卤味的绝佳伴侣。姜米陈醋、金橘油、南姜醋、三渗酱、韭菜盐水……可谓酱碟里有大乾坤，让人无措，让人费神。

豆酱、鱼露等调味品

牛筋丸、牛肉丸等的
绝妙搭档——沙茶酱

　　潮汕酱碟通常有比较固定的食物搭配，比如沙茶酱搭牛筋丸，沙茶酱微辣咸香且味鲜，牛筋丸弹牙爆汁又有嚼头，二者搭配，口感层次丰富，让人吃得根本停不下来；鱼露搭煎蚝烙，煎蚝烙外酥内嫩，香菜细末青翠可人，蚝粒圆润鲜甜，配上带着咸味或是鲜味的琥珀色鱼露，入口留香，回味无穷；普宁豆酱搭各式冻鱼，普宁豆酱微咸而鲜美，口感醇厚丰富，可以让冻鱼肉更加鲜美且口感富有变化……其他的酱碟搭配还有蒜泥醋搭卤水菜肴，口感鲜活；姜米陈醋搭冻花蟹，味道鲜美；金橘油搭生炊龙虾，激发清新甜美；韭菜盐水搭炸豆干，调味佳品相好；传说中的三渗酱是血蚶的神配……这酱碟里的世界太大，可谓不胜枚举，很多尝试过潮菜的食客表示不可思议。所以，品尝潮菜，只有知道了这样的搭配，才不至于举错了筷子，才能品对了味，潮菜的魅力才能在唇齿间的细细琢磨中缓缓地绽放。我想，这样的搭配，既是对食客的尊重，更是对食材的尊重吧。

潮州卤水，根深蒂固的饮食习俗

店　　名：永兴餐厅
地　　址：潮州市湘桥区新洋路中段
电　　话：0768-2200189
推荐指数：★★★★★

说起卤水菜肴，如果绕开了潮州卤水，估计就意兴寡淡了。在卤水世界里，潮州卤水曾被誉为"卤水之王"。

对于卤水，我实在所知不多，但卤水在潮汕人的世界里，恐怕是熟悉到了骨子里的。记得曾经听过这样一个故事：一个女孩自小被迫离开了她的母亲，等她长大成人后，虽对母亲日思夜想，却遍寻无果。在她越来越失望甚至绝望的时候，一个偶然的机会，她无意中尝到了一锅卤水，女孩欣喜若狂，悲喜交加，这是她熟悉的味道，魂牵梦绕了十几年的卤水味道，更是她母亲留给她的最刻骨铭心的味道。终于她得偿所愿，和分离了十多年的母亲相聚了。这虽然是一个真实性有待查证的故事，但卤水作为潮汕人"根深蒂固"的饮食习惯，潮汕人对潮州卤水的感情和深刻

鲜香可口的卤水拼盘

记忆，完全无须考证，因为卤水的香味和气息已经融入了他们的血液。

我曾经见过一份潮州卤水的配方，林林总总，材料竟达数十种，实在让人吃惊。试想一想，要将这数十种的材料聚成一味，谈何容易？这操作的繁复，所需的精心、细心和耐心，恐怕不是一般的菜肴所能比拟的。而潮汕人对于美味的追求是那样孜孜不倦，一代又一代人倾心于那一锅特殊的浓烈香气，用悠长的岁月熬制出余韵绵长、厚重内敛的滋味，这里边最不能缺的材料，恐怕就是饮食智慧。

我喜欢潮州卤水菜肴，每每想到数十种材料历经撞击、交融，最后汇成一味，再灌注于其他的食材当中，成全了一道又一道的美味佳肴，便觉得不可思议。这样的饮食创意，需要历经多少年、多少人的智慧，才能成就今天潮州卤水之王的美名呢？

滋味绵长的卤水大肠

美食素来不缺食客，潮州卤水对食客的吸引是致命的，潮汕人对潮州的卤水菜肴也有足够的自信。所以，我每上永兴餐厅就餐，餐厅工作人员推荐的第一道菜肯定是卤水拼盘，上菜的时候，第一道上来的菜式也必定是卤水拼盘。拼盘里一般有 4~5 种卤味，卤水豆腐切成了薄片垫底，鹅掌、鹅翅斩成了小段，鹅身剔去了骨头，切片后排列装盘，再以鲜花和小朵西兰花点缀。当然，既然是潮菜，自然是免不了蘸料小碟的。潮菜师傅在小碟里以蒜蓉和醋相拌，有时还会加入些许红辣椒碎末，这细微之处，既增强了食客的食欲，又提高了菜式的卖相。这样的卤水拼盘，闻之鲜香，视之悦目，入口更是醇厚甘香，试问有几人拒绝得了？当然，卤水拼盘还有其他的"拼法"，如将卤水豆腐、卤水大肠、卤水金钱肚、卤水鹅掌等拼；将卤水猪舌、卤蛋、卤鹅头、卤鹅翅等拼。拼法多样，但制作都是一样的精细，咸淡适中，鲜香可口，是饮酒佐膳的佳肴。在潮州盘桓的那些日子里，我经常到永兴餐厅"寻觅"美食，所点的菜式中一定会有一碟卤水拼盘，就因为它的营养丰富且"色香味形"俱佳。

潮汕人也充分尊重潮州卤水菜肴在潮菜中的地位，他们通常会在上菜的第一时间里让卤水菜肴充当先锋，以最短的时间为潮菜"攻城略地"，用极致的美味征服食客的胃和思想。当然，美食和食客，素来都是一个愿打一个愿挨的配对，如果味道对了、喜欢了、爱上了，也就从此摆脱不掉了。

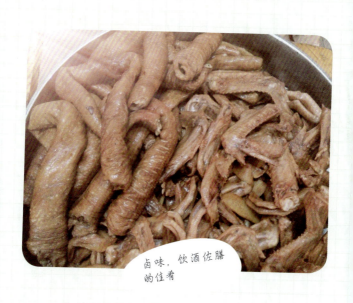

卤味，饮酒佐膳的佳肴

潮汕美食五香豆腐，点滴在人心

店　　名：永兴餐厅
地　　址：潮州市湘桥区新洋路中段
电　　话：0768-2200189
推荐指数：★★★★★

和潮汕美食结缘，已经记不得是何年何月的事了。我对潮汕美食的认识，不过就是寻常人家餐桌上的寻常饮食，对于一些"高端大气上档次"的潮汕美食"贵族"，我一无所知，可这并不妨碍我对潮汕美食的好感和爱恋，因为普罗大众的需求才是美食文化最深的根基。

很多年前，我奔走在潮汕大地。一次偶然的机会，和朋友进了一家名叫"永兴"的潮菜馆。对于其他菜式，我的印象并不特别深刻，但五香豆腐带来的味蕾冲击却无端地烙印在我的脑海里，至今挥之不去。

五香豆腐是将日本豆腐煎炸后铺上一层细细的砂糖和薄薄的花生粉末做成的，想起那层细沙般的糖在口中化开的甜和那花生粉末的香，想起用灵活的舌尖攻破那层脆薄的金黄色的表皮，然后卷住那柔嫩的豆腐的感觉，此刻不

做五香豆腐的原料——日本豆腐

撒上花生末和砂糖就可以享用啦

由得垂涎三尺了。

　　或许就是从五香豆腐，开始了我探寻潮汕美食的旅行。往后的岁月，从春饼到绿豆饼，从菜头粿到牛杂粿条，从沙茶酱到普宁豆酱，从金不换炒薄壳到香煎杂鱼，从喝白开水到迷恋凤凰单枞的蜜兰香，从清晨的一碗白粥一碟咸菜到一碟卤水猪大肠，身边的潮汕元素越来越多，甚至连菜市场上的潮汕籍鱼老板都成了我的老熟人、老朋友。

　　不过，当我离潮汕美食越近的时候，却发现自己对它的认识越肤浅，但我反而高兴自己对自己浅薄的发现。有美食家说："对人类的幸福而言，发现一道新菜比发现一颗恒星还要伟大。"更何况是独具特色驰名中外的潮汕美食呢？我期待着，在潮汕美食的门外徘徊中，偶尔伸头一看，窥见些许的端倪，所以，我所渴望的是，深入潮汕美食的世界，深入地去看，用心地去尝，如果可以，请允许我花去漫长的岁月！

品尝潮菜的好去处

独特的潮州工夫茶
与凤凰单枞

品　　名：凤凰单枞
地　　址：潮州市凤凰镇乌岽山
电　　话：400-6781392
推荐指数：★★★☆☆

宋代名家东坡居士曾云："宁可食无肉，不可居无竹。"对潮汕人而言，估计可改为"宁可食无肉，不可饮无茶"了。潮汕名家张华云先生在《潮州工夫茶》中写道："潮人无贵贱，嗜茶辄成瘾。"工夫茶在潮州饮食民俗中最具特色。

潮汕人家家户户都备有工夫茶具，最朴素的配置便是一茶船，茶船上一把朱泥壶或一个白瓷盖碗，三只内壁洁白的小瓷杯。居家生活，潮汕人每天不喝几回工夫茶便觉得日子缺了些什么，因为饮茶是他们生活中不可或缺的一部分。自古潮汕人多远游，他们的足迹遍及"三江四海五大洲"，也一并将饮茶的习俗带了出去。有人说，有潮汕人的地方，就有工夫茶的影子。这话丝毫不夸张。

"食茶"二字是潮汕人最经常挂在嘴边的词语：有客来

潮汕饮食民俗中最具特色的工夫茶

访要"食茶";洽谈生意要"食茶";远游遇乡人要"食茶";一家人叙话要"食茶";工作再忙碌也要"食茶"。潮汕人就这么在忙忙碌碌中以一壶又一壶的工夫茶抚平生活的焦躁,获取精神生活的平静和满足。"工夫茶"并不是平平常常、随随便便的一壶茶,所谓"工夫",是用心、是考究、是细致,故而潮汕工夫茶有着自己独特的文化密码。

潮汕人在喝酒饮茶上有讲究,"饮酒四人茶宜三",通常茶具上备杯三个,茶杯小若半个乒乓球,与茶壶大小相匹配,茶杯内壁洁白,以便观赏茶汤、细品茶水。潮汕工夫茶所用的茶壶不大,拳头大小。潮汕人喜爱选用朱泥壶,朱泥壶与潮州出产的名茶凤凰单枞的茶性相融,能更好地展现茶香茶味。

潮汕工夫茶沏茶、斟茶、饮茶皆有讲究,沏茶时将茶杯摆放成"品"字形,以突显潮汕人注重品行。斟茶时为了避免茶汤浓淡不一,不能斟满一杯再斟一杯,需轮流来回地斟。潮汕人深谙"茶浅酒满"的习俗,每杯茶水均是七分满,沏茶人会将茶壶里所剩的茶汁循环点入茶杯中。

这斟茶的过程就是潮汕工夫茶中大名鼎鼎的"关公巡城循环落，韩信点兵色和谐"。到了饮茶的时刻，敬长者，敬宾客，而沏茶人则最后品尝。饮茶时讲求宁静致远，切勿大声喧哗。

潮汕工夫茶，既是饮食民俗，也是茶道，更是一种流传久远的文化。而潮州凤凰山出产的凤凰单枞，在潮州工夫茶中扮演着不可替代的角色。

"潮汕屋脊"凤凰山是粤东地区最古老的山。"层峦叠翠，巍然上出重霄；山峰叠峙，岩岫常烟霞"，这样地势高耸、常年烟雾弥漫、空气湿润的地理环境，给茶树生长提供了特别优质的环境。凤凰山出产的茶叶后被命名凤凰单

香郁、味甘的凤凰单枞茶汤

枞，是乌龙茶中的佳品。凤凰山所在的凤凰镇也因此被国家农业部誉为"中国乌龙茶之乡"。凤凰单枞享有盛誉并非偶然，俗话说得好"名气来自实力"，凤凰单枞的实力就在于它的内质和外形。有人形容它"形美、色翠、香郁、味甘"，是乌龙茶中的珍宝。确实，凤凰单枞条索较匀整挺直，油润有光，外形和色泽极美。当然，评判茗茶优劣最主要是看茶叶的香气、汤色、滋味和叶底，凤凰单枞有独特的天然花香，香气张扬浓烈，让人难以忘怀。单枞的茶汤清澈黄亮，茶汤入口，滋味浓郁甘醇，饮后口齿留香，润喉回甘。至于茶底，是"绿叶红镶边"的美。这样的茗茶，天生丽质，又怎么可能默默无闻？且不说早在明清的时候，凤凰茗茶已经是贡茶，就说新中国成立之后，凤凰单枞也曾连续多次被评为全国茗茶。

凤凰单枞作为乌龙茶的一个类别，除了具备乌龙茶的

条索匀整、油润有光的凤凰单枞干茶

凤凰单枞茶底：形美、
色翠

分解脂肪、减肥健美等药理特质之外，科学证明单枞还能
提神醒脑、清热明目、消食去腻，甚至珍藏多年的老茶仍
有药用的功效，是当之无愧的健康之饮。

　　这样内外兼修的好茶，如果被供养于高墙之内，或许
是不值得一提的，但凤凰单枞颇具平民气质，从它诞生之
日起，便融入了潮汕百姓的骨血。凤凰单枞和潮汕工夫茶
不知从什么时候开始，就已经血脉相融，成为潮汕文化不
可分割的部分。如今的凤凰单枞，除了行销粤、闽、港、
澳等地，还出口至日本、泰国、新加坡等国家，它的身
影、香气和美誉随着远游的潮汕人行遍天下。"此处有家
乡风月，举杯有故土人情"，这应该就是凤凰单枞的文化
内涵吧。

蚌湖镇

乐平镇

和顺镇

里水镇

得心斋

应记面家（普澜店）

合记饼业

黄均记陈村粉（大良店）

顺德人家食府（黄金广场店）

樵园饼屋

鸡冠镇

李禧记（清晖路店）

冯不记米坊（锦龙路店）

珍记煎堆屋

民信老铺（华盖路店）

仁信老铺（华盖路店）

吴地镇

欢记

鹤山市

桃源镇

雅瑶镇

棠下镇

Part 4

美食之乡，一座叫佛山的商贸重镇

佛山，著名的"美食之乡"。这里的小吃，兜着历史的记忆，见证着城市的前世今生，隐匿在大街小巷，融进了芸芸众生的骨血，用远近驰名和历史悠久演绎它们各自的精彩和民众生存的智慧。

远近驰名的
大良双皮奶

店　　名：仁信老铺（华盖路店）
地　　址：佛山市顺德区大良华盖路 93 号
电　　话：0757-22223311
推荐指数：★★★★★

　　　　但凡是食品，总会有人迷恋，有人厌弃，正所谓
"众口难调"。双皮奶也是这样，喜欢它的，赞
美它够嫩滑、够香浓、够甜蜜，不喜欢它的，厌恶它太甜、
太腻。但不管喜欢还是不喜欢，双皮奶在南粤遍地开花却
是不争的事实，它在南粤甜品界的"江湖地位"——"广
东甜品之王"也难以撼动。

　　到了佛山市顺德区，不品尝"仁信"或者"民信"的
双皮奶，恐怕多少会有些遗憾。"仁信"和"民信"这"一
母双生"的双皮奶名店，每日客源如流，迎来送往，日日
重复输出双皮奶的色香味，当然，同时输出的还有它的前
尘往事。我坐在"仁信"甜品店里，用舌头细细体味口口
相传的"上层奶皮甘香、下层奶皮香滑润口"的妙处。确
实，对于酷爱甜品的食客而言，奶味和蛋味俱佳的双皮奶

入口香滑，口感细腻，让人迷恋。《顺德美食竹枝词》里关于双皮奶的描写也让女性食客怦然动心，欣然就食。爱美是人的天性，尤其是女性，对"甘香酥滑双皮奶，玉液凝脂调雪肌。何必整容求绝色，醍醐助尔赛西施"这样的召唤，有几个能拒绝得了？我自然也是一样的，在无法拒绝双皮奶诱惑的同时，我也好奇这形状如膏、色泽洁白的甜品究竟是怎样诞生的？又经历了怎样的历史烟尘才走进了我们的今天？

　　双皮奶的诞生似乎是一个偶然。相传双皮奶的创始人董孝华热了一碗水牛鲜奶准备给家人进补，不料赶上阖家外出，竟将放置在灶台的热鲜奶给忘记了。等董孝华回家，发现牛奶已经冷却，且冷却的鲜奶上还凝着一层薄薄的奶

做好的双皮奶

细嫩柔滑的双皮奶

皮。于是，这双皮奶的雏形就在无心插柳中诞生了。后来董孝华因生计所迫，潜心研制双皮奶，令这后来被誉为"中华名小吃"的甜品成功征服人们的味蕾，从此声名远扬。双皮奶的创制，似乎是个偶然，但也不能不说是个必然：生活的压力激发强者的生活智慧，勤勉和创新从来相伴相随。

品尝双皮奶，让思想和舌尖一起行动，我想，这舌尖上的故事会更加丰满生动。

扎猪蹄，
老佛山的温暖记忆

店　　名：得心斋
地　　址：佛山市禅城区文华北路大围街 16 号
电　　话：0757-82287947
推荐指数：★★★★★

酿 扎猪蹄与得心斋，又是一个传统美食和百年老店的传奇故事。作为国家级历史文化名城的佛山，并不缺少传奇，但每一个传奇，都值得瞩目。

"得心应手"——酿
扎猪蹄

得心斋创建于清朝乾隆年间，至今已经有三百多年的历史。作为佛山饮食行业的老字号，我以为所谓"得心"应该是先抓住食客的胃，然后才擒获食客的心。酿扎猪蹄是佛山美食的代表，亦是得心斋征服食客的撒手锏。这酿扎猪蹄还有一个特别好彩头的名字，叫"得心应手"。

外地人到了佛山，鲜少不去得心斋尝一尝"得心应手"的，人的一生，所期盼的不过就是一个顺遂，酿扎猪蹄这道"深谙"食客心理且名声在外的美食，轻易就让"路人转粉"了。

位于禅城文华北路大围街的得心斋门店，饭点时分客流涌动，好不热闹。我环顾了周围的食客，几乎无一例外地点了酿扎猪蹄。瞧那碟子里的薄片，猪皮一圈是金黄色的，猪皮内的肉色浅褐油亮，卖相颇佳。看食客们"埋头苦干"的勤勉相，想必味道应该是极好的。

扎猪蹄的外形憨
态可掬

浓香甘美、清爽不腻的酿扎猪蹄

　　一会儿，菜上来了。我夹了块猪蹄薄片，轻轻蘸了蘸料，细细咀嚼。猪皮是爽中带嫩，甚至还有一点嚼劲，肉则松脆甘香，让人回味，整体的感觉是浓香甘美，但清爽不腻。这酿扎猪蹄确实是值得游人停下脚步，好好品尝的。"得心斋""得心应手"，这"得心"二字，似乎来得容易，只要收服了食客的心就可以了，然而想轻易"得心"必须得"好好用心"。据我了解，制作酿扎猪蹄前后要经过大小工序三十几道，采用的调料有三十多种，调料中用于制作卤水的有二十几种，其中不少是中药材。中药材的使用使得酿扎猪蹄有了活血的功效，所以，这道美食不仅为外地游客所青睐，更是禅城人引以为豪且心心念念的美食。

　　从得心斋出来，我禁不住回头看了看这扎根禅城的百年老店，再看看从店里出来手里还提着"手信"——酿扎猪蹄的食客们，"得心"和"走心"的关系，已经不言而喻了。

似饺非饺的
凤城鱼皮角

店　　名：冯不记米坊（锦龙路店）
地　　址：佛山市顺德区大良锦龙路 65–67 号
电　　话：0757–22267899
推荐指数：★ ★ ★ ★ ★

我素来不太待见饺子，这或许是速冻饺子惹的祸；我也不太喜欢吃云吞，水一煮，皮容易烂。通常，为了解决早餐的问题，我喜欢选择速冻凤城鱼皮角。

闻名遐迩的凤城
鱼皮角

　　凤城鱼皮角是风靡珠三角和港澳的美食，人称"不是饺子，胜似饺子"。在广州和香港，甚至有的酒家将凤城鱼皮角当成特色菜来招揽食客，可见鱼皮角的魅力。

　　凤城鱼皮角的创始食店是顺德冯不记米坊。鱼皮角在问世之前，冯不记食店经营的主要是云吞，但云吞的皮容易煮烂，口感不佳。冯不记食店为了解决这个问题，决定以鱼肉刮泥焖烂和面做皮，以鱼虾剁肉为馅，创造性地做成了似饺非饺的凤城鱼皮角。如果没有尝一尝鱼皮角的创始店铺——冯不记的鱼皮角，恐怕是不圆满的旅行。

　　冯不记是顺德餐饮界的老字号，眼下已经开枝散叶，做成了连锁品牌，在顺德、禅城、南海各区，都有冯不记米坊的身影。大良冯不记米坊是我曾踏足的地方，那富有

皮薄馅多的特色
"饺子"

岭南气息的装修风格，古朴简单，让人觉得亲切。点一份我素来喜爱的鱼皮角，只见鱼皮角外表光洁嫩白，一口咬下去，皮薄馅多，口感极其爽滑。细细咀嚼，馅里的滋味很饱满，鱼虾和肉的味道都有了。这真的是一次让人愉悦的唇舌体验，对我而言，鱼皮角真的"不是饺子，胜似饺子"了。但我的愉悦不仅仅来自于一碗鱼皮角，更来自"冯不记饮食家训"。家训云："不洁不卖，不时不食，不鲜不烹，不苟不求，不折不扣，十全十美。"对于餐饮业而言，这可以说是基本的行业要求，但对于追求利润的商业活动，这是很高的道德准绳，如何平衡这二者之间的关系，是一种考验。我相信，能走过百年的冯不记，在漫长的经营岁月里，除了保证食品的品质之外，肯定还有着自己的精神坚持，这坚持，应该就是这 24 个字了。因为有坚持，才能经得住风雨。

不是饺子，胜似饺子

大而不糙的西樵大饼

店　　名：樵园饼屋
地　　址：佛山市南海区西樵江浦西路 73 号
电　　话：0757–86880143
推荐指数：★ ★ ★ ★ ★

广东有四大名饼：广州鸡仔饼、佛山盲公饼、中山杏仁饼和西樵大饼。被誉为"广东名食"的西樵大饼已经有三百多年的历史。一种地方小吃，能从三百年前走到今天，甚至走出南海行销各地，绝对不是偶然。

作为地方小吃，西樵大饼确实很"大"，大的两斤重，小的也有半斤重，得切着吃。但两斤重的并不是最大的，还有五斤重的呢。在西樵，古时嫁娶的习俗，男方需准备一个五斤重的大饼抬到女方家，女方将大饼切开了分给左邻右舍、亲朋好友。男方提供的大饼越大，说明家境越殷实，女方家越满意。这样的习俗，至今还保留着。

作为饼类食品，西樵大饼自然是圆的，自古以来，中国人对圆形有着特殊的情感，比如花好月圆、珠圆玉润、

寓意"花好月圆"
的西樵大饼

外圆内方、功德圆满、智圆行方、骨肉团圆等,一个"圆"字,寄托的是国人的美好愿望。西樵大饼的外形正好寓意"花好月圆",故而旧时西樵人婚嫁,逢年过节走亲戚,都会带上西樵大饼。

当然,西樵大饼最受欢迎的地方在于色泽洁白、入口松软、清香甜滑。或许刚开始吃的时候味道淡了些,但越咀嚼越觉得那是一种没有修饰的、来自食材本身的清甜。慢慢咀嚼着,甜味似乎从口腔里直往心尖窜去,徐徐转化成一种淡淡的满足感。

西樵大饼走到今日,似乎陷入了一种困境。慢慢地,为了迎合当下国人的口感,除了老字号樵园饼屋还在坚持生产传统、地道的西樵大饼之外,很多饼家都进行了革新,推出了蛋奶西樵大饼。如果单纯从口感的角度来说,蛋奶西樵大饼确实更有市场,于是乎有人叹息传统西樵大饼已经没有了出路,强烈呼吁要保护传统的西樵大饼。我倒是觉得，传统的西樵大饼也好，新型的西樵大饼也罢，其实不管是什么口味，它所承载的依旧是西樵大饼的历史和记忆，代表的依然是孕育它的一方水土。多一个口味，甚至多几种口味，又有什么关系？自古以来，传承和创新从不是对立的。比如樵园饼屋，既坚持传统做法的西樵大饼，给对西樵大饼怀有特殊感情的人们提供"最正宗"的大饼，让"旧时候"的味道得以流传久远，但也根据市场的需求推出奶香味的改良型西樵大饼，使大饼拥有更多的"粉丝"。这不是皆大欢喜的事情吗？

但愿我所喜爱的西樵大饼，从此走得更稳健。

质朴的外形，
清甜的口感

百年盲公饼

店　　名：合记饼业
地　　址：佛山市禅城区市东上路 67 号
电　　话：0757–81809912
推荐指数：★★★★★

　　这些年，我有一个习惯越来越被我无意识地强化：不管到了那里，总喜欢多带一些当地的特产回家，或给家人品尝，或分发给亲戚朋友、邻里街坊。我素来不觉得自己是一个购物狂，仅仅是想分享而已。其实，很多特产，就算在当地如雷贯耳，但也未必人人喜欢，更何况饮食习惯迥异的外地游客。可我总觉得，舌尖上的味道不管是喜欢还是排斥，都是一种体验、一种倾听，体验可能是千万里之外的一种味道，倾听也许是千百年前的一个故事、一段历史。这不也是对人生的一种丰富吗？

　　佛山盲公饼，从诞生至今已经经历了 160 多年的悠长岁月，我喜欢它外表金黄，吃起来甘香酥脆，美味可口。盲公饼创制于清嘉庆年间，一个名叫何声朝的盲人以为人算卦为生，盲人的儿子在算卦馆中照顾父亲。他见前来算卦的人有些还带着孩子，孩子时常哭闹，影响了算卦，于是就想了一个办法。他制作了一种肉饼，一来可以卖给前来算卦的人给孩子喂食，二来还能帮补家计。久而久之，这种被顾客称为"盲公饼"的糕点远近驰名，最终成就了一个盲人家庭的"创业史"。我所慢慢咀嚼出来的"坚强"，或者就在于此吧。至于后来，盲公饼的跌宕起伏如同浮沉兴衰的近现代中国，命运的咽喉被时代的困窘紧紧掐着，一路走来，倍感艰辛。

　　我身边的许多人，已经不太喜欢盲公饼了。或许因为它是甜食的缘故，或许是今天舌尖上的诱惑过于丰富的缘故，或许是人们已经失去了品味过往的耐心和能力……各种原因在悄悄地改变着食客的味蕾和心境，改变着和他们似乎毫不相干的某种食品的命运。但我依然愿意坚持：将

酥脆香口的
"盲公饼"

尽管未必适合自己口味的传统小吃带回身边，将感受陌生的滋味作为一种不可多得的人生体验。

至于盲公饼，我至今认为它还是很美味的。因为合记饼业革新了生产理念，眼下的盲公饼以花生、芝麻、糯米粉等为原材料，生产出来的盲公饼极其香酥，可说得上入口即化，特别爽口。合记为了适应现代生活的需要，还将盲公饼以小锡纸袋独立包装，这贴心的设计让盲公饼携带起来极其方便。我每每在午后的闲暇里，沏一壶茶，以盲公饼为茶点，慢慢地咀嚼着它，用舌尖触摸它，我愉悦地发现，我是在和它对话，在和一段曾经的峥嵘时光对话。

广东名手信，百年盲公饼

"更薄更爽" 陈村粉

店　　名：黄均记陈村粉（大良店）
地　　址：佛山市顺德区大良街道碧溪路尚明雅舍 2 号楼 6 铺
电　　话：0757-22271477
推荐指数：★★★★★

顺德陈村，是著名的花卉之乡，有"中国第一花镇"之称。在陈村，能和花卉相映衬的，还有舌尖上的"花卉"——陈村粉。

陈村粉以"薄、爽、滑、软"而著称。说到"薄"字，估计其他粉类都得靠边站了，0.5 ~ 0.7 毫米的厚度，不管是沙河粉还是潮汕的粿条，在它面前都"壮硕"得不像话。作为粉类食品，一旦过薄，肯定容易破碎，但陈村粉韧度很好，既能保证完好的外观，又能保持良好的口感——爽而不腻、滑而不涩、柔软而不失韧性，我想，陈村粉的所有魅力就在于"薄、爽、滑、软"这 4 个字上了。但这 4 个字蕴藏着的不仅仅是制作陈村粉的工艺，恐怕也是对制作陈村粉工艺的一种坚守。

陈村自古便是鱼米之乡，当地人对饮食的讲究是不言

回味无穷的陈村粉

而喻的，或者正是这样，才有了这种制作极其精良的美食。陈村粉以大米为主料，用石磨磨出米浆，蒸制而成。所谓"青石悠悠磨百载"讲的就是制作陈村粉的米浆的产生，这非机械化的制作过程，效率肯定不高，但恰恰是这样的慢工细活，才有了这口感极佳的陈村粉。而陈村粉能在近百年的岁月更迭中依然保持着鲜明的本色，"寄赖糕香合客喉，但求粉滑宜君口"的训示应该早就被深深磨进了陈村粉继承人的脑海里，之后才能在食客的口腔里缓缓绽放出美食的芬芳吧！

在顺德，陈村粉曾经是当地人招待贵客的美食，虽然仅仅是一味小吃，但"身份高贵"。所以，到了顺德，不去尝一尝名闻遐迩陈村粉，不能不说是一种小小的遗憾。

顺德大良黄均记陈村粉是值得前往的地方，在这数十年坚持传统制作手法的"黄均记"里，可以吃到正宗、地道的陈村粉。这里的陈村粉做法多样，包括清拌、蒸、煮、炒等，比如"清拌陈村粉""炸酱清拌陈村粉""牛腩清拌陈村粉""排骨蒸陈村粉""蒸斋粉""炸酱蒸陈村粉"，各式各样，总有一款适合食客的喜好。尽管花样不少，但不妨试一试"清拌陈村粉"。被切成条状的陈村粉依旧薄、爽、滑、软，但拌上芝麻、秘制酱汁之后，唇舌间的粉条马上变得香滑无比，让人胃口大开。如果是一家人来了，不妨将各式做法的陈村粉都点一份，摆一个"陈村粉宴"，好好享受这历久弥新的陈村粉的滋味。

排骨蒸陈村粉

大良硼砂与金榜牛乳

大良硼砂
店　　名：李禧记（清晖路店）
地　　址：佛山市顺德区清晖路（清晖园对面）
金榜牛乳
店　　名：欢记
地　　址：佛山市顺德区大良金榜上街 19 号
电　　话：0757-22234965
推荐指数：★★★★★

前些日子，和朋友聊起珠三角的各式美食，我无意中提起，我很遗憾还没有尝过和双皮奶齐名的顺德大良硼砂。没想到过了数日，竟然收到朋友给我快递过来的"李禧记"出品的大良硼砂。我惊喜不已，特别感谢朋友的贴心。

大良硼砂，和盲公饼、西樵大饼一样，都是当地著名的小吃。它外观优美，像一只金黄色的蝴蝶，顺德当地人将蝴蝶称作"硼砂"，于是它就有了这让外地游客费解的名号。大良硼砂和顺德其他的小吃一样，也有着上百年的历史。一百多年前的清光绪年间，"李禧记"大良硼砂诞

金黄的"蝴蝶"

生，这采用面粉、猪油、南乳和白糖和制而成的小吃，食材虽然平凡，但制作出来的礮砂甘香酥化，深受当地百姓欢迎，后来甚至还行销深、港、澳以及南洋地区，声名显赫，由此可见当年顺德的富庶以及顺德人对美食的渴求和独到技艺。今天，很多游客到了顺德，大都会带上这价格适中、风味独特、承载了顺德人许多历史记忆的小吃回家。试想，在闲暇时候，手指捏着那一片似飞蝴蝶一样的礮砂，启齿轻轻一咬，悄细的"嘎吱"一声，金黄的蝴蝶便碎在了口腔里，那甘香甜咸酥脆，应该足以让每个以唇齿与它亲密接触的人记住它。这是不是也算在舌尖上温习了一次顺德呢？

提到大良礮砂，不得不提到大良另一种著名的小吃，曾被誉为"中华名小吃"的金榜牛乳。与批量生产、俨然顺德土特产代言人的大良碃砂相比，金榜牛乳显得落寞寂寥了许多。据说金榜牛乳产生于明代，历史比大良碃砂还悠久。这种外观呈圆形薄片状的牛乳制品，营养丰富，咸中带甜，口感独特，除了可以补充营养，还能下火清热，曾是当地百姓喜爱的食品。可今天的顺德，大良碃砂美名远播，双皮奶更是深受食客宠爱，可金榜牛乳却默默无闻，许多制作牛乳的小作坊藏在深巷或街口，继续着冷清，就算是有数十年历史，人称最是地道正宗的欢记金榜牛乳，也一样寂寞地存在着。这境况，未免让人叹息。

　　或者，美食和人世一样，也必须遵循优胜劣汰这样残酷的生存法则，但如果可以勉力保护、传承和创新，就可以保住这一方水土旧有的记忆，以免这个世界变得雷同、无趣甚至令人厌倦。

大良炸牛奶和炒牛奶

炸牛奶

店　　名：民信老铺（华盖路店）

地　　址：佛山市顺德区华盖路 119 号

电　　话：0757-22222424

炒牛奶

店　　名：顺德人家食府（黄金广场店）

地　　址：佛山市顺德区太艮路 11 号黄金广场二楼

电　　话：0757-29828283

推荐指数：★★★★★

　　在我眼里，大良炸牛奶一直就是甜品，可 2014 年佛山美食节"首批佛山名菜"评选的结果，大良炸牛奶榜上有名。我这才知道，在当地人眼里，大良炸牛奶是一道菜而不是甜品。可在我眼里，更乐意将它当成甜品来看待，因为休闲惬意的甜品享受或者更能带给我愉悦。

　　大良炸牛奶，主角当然是"牛奶"，可这"牛奶"不一般，是大良当地盛产的水牛奶。自明清时起，顺德农民多养水牛，因此当地的水牛奶产量较大。擅长烹饪的顺德人便以水牛奶为食材，烹制出跟水牛奶有关的各种菜肴或者小吃，如炸牛奶、双皮奶、炒牛奶、锅贴牛奶等，形成了蔚为壮观的牛奶大餐。大良炸牛奶，就是林林总总的牛奶菜肴或者小吃中的佼佼者，迄今已经有七十多年的历史了。

　　民信老铺的大良炸牛奶，色泽金黄，外层酥香脆口，里层甜香，口感滑嫩，奶味浓郁，让人难忘。听说在2014年的佛山美食节"首批佛山名菜"评选中胜出的大良炸牛奶就是民信老铺送评的，知名度和美誉度极高。

　　炒牛奶，听名字就知道是一道特别有意思的菜肴，能将牛奶炒着吃，实在是创意十足，可见顺德人确实是善饮食，名厨辈出。顺德人家食府的这道菜肴还是以水牛奶为主角，勾调蛋清和淀粉，搭配以虾仁、火腿、蟹肉等鲜美

外层脆口里层香甜的大良炸牛奶

软滑细嫩的炒牛奶

食材，以高超的厨艺炒制，属于典型的"软炒法"。炒牛奶的成品色泽洁白，如云堆般，内里又隐隐露出一点点诱人的红，极其美观。炒牛奶得趁热吃，菜肴入口，奶味鲜浓，软滑细腻，清淡美味，美妙无比。作为粤菜的代表，炒牛奶风靡华南各地及港、澳地区，饱受赞誉。这道菜征服的不仅仅是粤人的味蕾，还曾经令以美食自傲的法国人折服，可见美食的魅力已跨越国界。

其实，不管是菜肴还是甜点，只要吃得健康，吃得愉快，就是大良炸牛奶和炒牛奶的价值了。这些菜或者甜点，真的是让我惊艳，但让我惊艳的不仅仅是这种做法，更是创意十足、充分就地取材的顺德人。

最是平民云吞面

店　　名：应记面家（普澜店）
地　　址：佛山市禅城区普澜二路 12 号
电　　话：0757–83283092
推荐指数：★★★★★

面食的世界丰富多彩，北方人喜欢吃饺子，粤人喜欢的则是云吞面。云吞皮薄肉多，面条则纤细有韧度，两者掺在一起，拼成了有意思的云吞面。

佛山应记云吞面，从创始至今，历经数十载风雨，分店遍地开花，不动声色地将云吞面的味道变成了一座城市的味道。于是，应记云吞面便成了禅城的又一张名片，一张需要人们用舌尖去辨识的名片。

老店的传奇总是容易勾起人们的好奇心。来到禅城，人们会不自觉地踏进应记面家，点一碗皇牌云吞面，慢悠悠地体味一碗云吞面和云吞面里承载的故事。

应记面家的云吞面云吞皮薄馅较厚，肉馅里有清甜的虾味，一口咬下，味鲜多汁。面条则粗细得当，韧度适合，口感好且蛋味浓，富有特色。汤水也不错，口味的浓淡恰到好处。这一碗云吞面曾经获得过许多美誉，比如曾被中国烹饪协会授予"中华名小吃"的称号，还曾经获得广东烹饪协会授予的"广东名小吃"的称誉。凡此种种，证实了其实力与美誉相匹配，一碗云吞面的传奇得以更有底气地续写。

　　这样一碗被种种荣誉和期待包裹的云吞面，不仅因为其美味，更因为其气质。我特地留意了一下周围用餐的人，年纪大的，慢腾腾地挑着面条，慢腾腾地咀嚼着肉馅，神色宁静祥和；壮实的小伙子性急，"吱"的一声，面条就到了嘴里；年轻的姑娘悠悠放下筷子，取出唇膏，气定神闲地描画；至于带着孩子的妈妈，轻声细语地喂着孩子，

禅城名片
云吞面

市井平民的美食

不断地劝食，桌子底下，还有不小心从筷子上溜走的面条……不管是男人还是女人，不管是老人还是小孩，不管是富人还是普罗大众，进了这应记面家，为的就是一碗云吞面。这满满的，都是市井平民的味道，云吞面用市井平民的价格，市井平民的格调，给市井平民提供了唇舌上的满足，算不算是应记云吞面多年长盛不衰的原因？

　　我之所以喜欢这一碗云吞面，原因不在于它给了我多少，而是在于我能从一碗云吞面里看到多少。

朴素温暖的九江煎堆

店　　名：珍记煎堆屋
地　　址：佛山市南海区九江镇新龙龙涌村新元队 14 号
电　　话：13679747802
推荐指数：★ ★ ★ ★ ★

记得小时候过年，一过了年初一，亲戚们就开始拜年了。根据血缘关系的远近、辈分的高低，逐一拜年，吉祥话说个不停。那年节，拜年是大事，拜年的礼物自然马虎不得，比如糯米糍粑、甘蔗、糖葱，有时候还会有煎堆。糍粑是圆形的，意味着团团圆圆，用黏黏的糯米打造，则寓意看重亲情友情；甘蔗和糖葱是甜的，寓意日子过得甜甜美美；煎堆是圆形的，用粤语讲就是"煎堆碌碌，金银满屋"，祝福好运伴随着亲朋好友一整年。这样的拜年礼物既朴素又温暖，充满了节日的气氛，让人永难忘怀。可惜随着日子越过越富裕，拜年的礼物却越来越苍白，甚至已经完全背离了节日的初衷。自然，那些曾经填满祝福的礼物也渐渐离我们远去，比如煎堆。

佛山市南海区九江镇的煎堆曾经就是年节里最不可或

缺的拜年礼物，更是南海地区著名的小吃，大名叫九江煎堆。九江煎堆和全国各地的煎堆不太一样，它是唯一呈扁圆形的煎堆，当真是独树一帜。九江煎堆由九江人创制于清朝，说起来已经有一百多年的历史了。它色泽金黄，皮薄馅精，入口甘香松脆，尤其是芝麻和花生的味道，和黄糖的香甜融在一起，越咀嚼越是满口甘香，滋味丰富。在 20 世纪 30 年代，九江煎堆曾经是珠三角一带最受欢迎的手信之一，曾远销港、澳地区，甚至还被华人带出了国门，在东南亚和美国都曾留下足迹。这样辉煌的历史，一是因为九江煎堆的美味可口，二是因为这煎堆

朴素温暖的
煎堆

满载着家乡和亲人的祝福，是富足、好运的代名词。到了
20 世纪 80 年代的时候，九江煎堆还被编入《中国名土特
产词典》，尽享殊荣。

　　时光流逝，九江煎堆的光环也慢慢散去，但九江人依
旧守着九江煎堆的旧情怀，尽力守住这旧时光的香酥松脆，
被列入广东省、佛山市、南海区三级《非物质文化遗产名
录》的百年老字号邹广珍"珍记煎堆屋"也一样。"珍记煎
堆屋"坚持着传统的手工技艺，日复一日地延续香酥、脆
韧的舌尖神话。其实，有时候让味蕾抛开过于复杂的诱惑，
在一个午后的阳光里，沏一壶茶，拿起一个九江煎堆，用
耐心慢慢品味来自 19 世纪的滋味，品尝旧时光赠予人们的
甜蜜和幸福，不是一件特别容易获得内心宁定和祥和的事
情吗？明年的春节，我决定将煎堆重新装入我拜年的礼盒，
用最朴素的礼物给我的亲朋好友们送上最温暖的祝福。

Part 5

粤西风情，那舌尖上的五彩斑斓

　　我所喜欢的粤西，是中国最大的水果生产基地；我所喜欢的粤西，有漫长的海岸线。所以走进粤西，其实就是走进了五彩斑斓的美食世界。

瞧那"菠萝的海"

店　　名：鸿记菠萝果购销处
地　　址：湛江市徐闻县曲界镇建安路 1 号附近
电　　话：0759-4300618
推荐指数：★★★★★

中国大陆的最南端，汉代海上丝绸之路的始发港，广东省湛江市徐闻县，有一片"海"——"菠萝的海"。有人说，这是"北海道的花田"，也有人说，这是"欧洲的普罗旺斯"。其实这片"海"是一片似乎没有边际的菠萝园，它被誉为"广东最美的田园"。

每年的四五月份，如果舌尖上的味蕾已经蠢蠢欲动，就出发吧，朝着粤西的方向，寻找中国最美的"菠萝的海"。徐闻的曲界镇，是寻梦寻味该去的地方。驱车沿着湛徐高速公路前进，上国道，拐入木兰大道，最后沿着省道 376 线的指向便到了曲界镇，就是菠萝花盛开的地方。

我记得菠萝花的花语是"完美无缺"，到了菠萝的

名列岭南四大名果
之一的菠萝

海，或许真的可以领会什么叫完美无缺！村庄、红土地、白风车、蓝天、白云，也许都是不足以撼动心神的，但连绵 100 多万平方千米的菠萝园，满目的金黄铺天盖地，和着扑鼻的甜香，以迅雷不及掩耳之势将整个人牢牢锁入它的怀里，那让人窒息的美和喜悦，已经无法用言语来形容了。

　　这样的美，如果走马观花实在是暴殄天物，这会儿最正确的决定就是放弃汽车徒步缓行。但这片菠萝海面积太大，随时会将人吞没，如果可以，带上一部单车，在"菠萝的海"里骑车慢行，千万不要怕迷路，听说在"菠萝的海"有一句名言，叫"迷路的地方就有好风景"，为了好风景，迷了路又有何妨？慢慢地骑行，一路之上，菠萝的笑脸、淳朴的红土地、地里劳作的果农，甚至那些忙碌的摄影发烧友，都是这世上在最恰当的时机出现的最恰当的风景。

汁多味甜，香气浓郁

　　如果遇上了果农正在采摘菠萝，如果有机会和果农攀谈，请不要错过学习的机会。淳朴的果农会传经送宝。他会说最优质的叫"唐代贵妃"菠萝，头发短、眼睛大、腰粗、屁股圆。多朴素和形象的比喻啊！这样的言简意赅，纯属生产、生活赐予的经验。

　　到了"菠萝的海"，如果不好好尝一尝菠萝，只会落下"入宝山而空回"的笑话。这里的菠萝果大、汁多、香、脆、甜，让人陶醉。如果还不满足，不妨吃上一顿菠萝餐，比如营养丰富、鲜嫩美味的菠萝牛肉，酸甜适口里嫩外酥的菠萝咕噜肉，清爽香甜的菠萝炖排骨，色泽艳丽的菠萝鸡……这菠萝的味道，仿佛不是掠过舌尖，而是深深烙在了脑海里。

　　到了离开"菠萝的海"的时候，给车后备厢点负载吧，不是害怕忘记了菠萝的味道，而是为了更多的分享。当然，许多人兴许已经把整个"菠萝的海"装在脑子里了，那重量沉甸甸的，恐怕很长时间都卸不下。

用菠萝做的菜

芒果，
甜品的宠儿

店　　名：满记甜品（金沙湾广场店）
地　　址：湛江市赤坎区万象金沙湾广场一层
电　　话：0759–3581838
推荐指数：★★★★★

芒果，人称"热带果王"，在水果世界里，可谓"身份尊贵"，不过在南粤，产量巨大的芒果是再寻常不过的水果。在芒果成熟的五六月份，南粤大地处处果香四溢，家庭主妇们上街买菜的时候通常会拎几斤芒果回家。事实上，这果肉细腻、气味香甜的水果确实是容易让人心生好感的。

南粤的芒果，最有名气的莫过于"夏茅香芒"，可"夏茅香芒"产量极低，珍稀至极，普通人还真的难以一亲芳泽。但雷州市覃斗镇的"覃斗芒果"不仅名气大，产量也大，是广东芒果世界里的"明星"。以"够大、够甜、够香、够美"著称的覃斗芒果在 1995 年获得水果系列最高奖项"第二届中国农业博览会银质奖"，2005 年又被国家质检总局原产地域产品保护审查专家组认证为"国家原产地域保护产品"，实在是芒果家族里的"巨星"。在芒果成熟的季节，不妨到粤西亲自采摘和品尝"覃斗芒果"。

芒果作为一种水果，生吃当然是许多人的首选，但以果肉入甜品，也是司空见惯的事情。不管是"满记""晴记""许留山"等甜品店，还是各家茶餐厅，与芒果有关的

软嫩香滑的芒果班戟

甜甜酸酸的芒果布丁

营养丰富的紫米芒果糖水

甜品比比皆是。

芒果班戟，一个不知所云的名字，"班戟"二字，总让人无比困惑。所谓"班戟"，其实就是英文 pancake 的粤语音译，意思就是薄烤饼。芒果班戟，其实就是包裹着奶油和芒果薄烤饼。试想想，在烈日当空的炎夏，走进一家甜品店，点了一款芒果班戟，当唇舌触及冰冷细滑的饼皮，用舌尖卷住甜甜的奶油和香浓的芒果时，那一刻的满足，想必是无法形容的。

杨枝甘露，一个颇具神话色彩且又雅致的名字，其实还是芒果唱主角的甜品。芒果、西柚、西米露和椰奶的组合，让人垂涎。芒果清爽甜美，色彩鲜艳；西柚酸酸甜甜，色泽红艳；西米露状如珍珠，晶莹剔透；椰奶奶味香浓。将它们组合起来，再经过冷藏，便成了甜品里的人气王。这样的甜品，若在慵懒的午后，让冰凉漫上舌尖，让酸甜和香浓填满口腔的每一个缝隙，这内心的满足，与传说中被观音娘娘的杨枝水撒中的喜悦，怕是有异曲同工之妙。杨枝甘露，当真是夏日舌尖上的一滴甘露。

芒果布丁应该是小朋友最喜欢的甜品之一，香气浓郁的布丁口感细腻滑嫩，入口清甜滑溜，冰冰凉凉好不舒服。芒果中维生素 C 和胡萝卜素的含量都比较高，经常吃芒果，对于保护视力不无好处。将益处多多的芒果变幻成一款颇受欢迎的甜品，也算是对舌尖的一种犒赏吧。

芒果酸奶，酸奶能强健肠胃，能瘦身，营养丰富且容易吸收，原本就是女性的爱物。可人类对美味和健康的追求总是没有止境的，在酸奶里加上芒果，不仅口感更好，"颜值"也更高。这样的甜品，开心开胃兼养颜，怎会不招人喜欢呢？

芒果慕斯蛋糕、芒果西米捞、芒果冰、芒果糯米糍、芒果雪批、芒果冰激凌、芒果木瓜奶昔……甜品世界里的芒果说不上"一统江湖"，但至少占据了"半壁江山"。一年四季，芒果以马不停蹄的节奏"奔走"在人们的舌尖上，用它鲜亮的色彩和香浓的甜美点缀着日复一日的平淡，实在是劳苦功高。试想，如果没有了芒果，似乎我们的生活都少了甜蜜的色彩。

如果哪一天来到了盛产芒果的粤西，别忘了往甜品店如满记甜品去坐一坐，休憩也好，约会也罢，点个与芒果有关的甜品，好好享受芒果给生活带来的甜蜜。

健体益寿波罗蜜

店　　名：南夏农业专业合作社
地　　址：湛江市徐闻县南山镇那佬村 18 号
电　　话：0759-4892876
推荐指数：★★★★☆

在水果世界里，波罗蜜实在是独树一帜的，其香气之浓烈让人难忘；其果实之重更让人瞠目，从十数斤到数十斤不等，个别的甚至能达上百斤，是水果世界里最大的果实。

波罗蜜原产于印度，清初学者、"岭南三大家"之一的屈大均在他的《广东新语》中提到了波罗蜜，说大约在隋唐时期波罗蜜传入中国。这奇妙的物种传入之后，从此便和国人唇齿相伴，一起度过了许多甜美的时光。当然，若论口福，波罗蜜显然比较偏爱粤人，尤其是粤西，波罗蜜已经和粤西人们的生活密不可分。在湛江市区，有卖波罗蜜的一条街；在徐闻县的闹市区，则有一条"波罗蜜街"。每到波罗蜜结果的时节，人行道两旁的波罗蜜树上结满了波罗蜜，特别引人注目。当然，引人垂涎的还有树下开卖

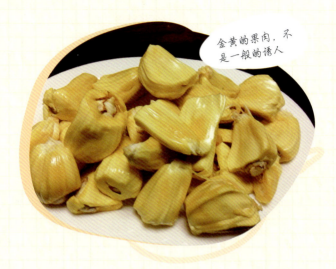

金黄的果肉，不是一般的诱人

的波罗蜜，那浓郁的香气，金黄的果肉，不是一般的诱人。

关于波罗蜜，《本草纲目》中有记载："波罗蜜性甘香……能止渴解烦，醒脾益气。"这是药学家李时珍的见解。其实，怎样吃波罗蜜才算是物尽其用，"畏食"的粤人自有主张。比如果肉，生吃当然是最大众的吃法，香软柔滑，甜蜜多汁，再好吃不过。但也有人"异想天开"，将果肉和蜂蜜一起浸泡，酿制成波罗蜜酒；还有的甚至利用果肉的清香，制作成波罗蜜糕。果肉吃完之后，手里还残留着波罗蜜的种子，可千万不要浪费了。种子饱含淀粉，可用水煮熟了吃，可炸了吃，可烘了吃，可炒了吃，那口感粉粉的、香香的，和栗子一样美味，还真是不赖。未成熟的波罗蜜果肉还能当蔬菜食用。

作为水果，波罗蜜当然得先满足人们的唇舌之欲，但波罗蜜的作用何止于此？它的树叶可以消肿解毒；它的木质很坚硬，可以制作家具；它的树液入药还能治疗红肿、溃疡，散结止痛。

说波罗蜜全身是宝，估计没有人反对吧。

怎么样？如果来到南粤，如果恰巧碰上波罗蜜成熟的季节，请不要拒绝波罗蜜的甜蜜"诱惑"。

硕大的果实

白切湛江鸡和番薯丝粥的结合

店　　名：口衣记酒楼
地　　址：湛江市赤坎区康顺路 36 号
电　　话：0759–3310666
推荐指数：★★★★★

湛江，旧称广州湾，曾经是法国租界。今日的湛江，则是粤省西部的经济中心，是著名的旅游城市、海鲜美食之都、水果之乡。曾听过一个有意思的说法：所谓"来湛江的三个死法"，即"馋死""撑死""美死"。美食让人馋，美景让人陶醉，无论是美景还是美食，湛江均不会让人失望。

在湛江，流行着一种有趣的吃法：番薯丝粥加白切湛江鸡。番薯丝粥的清淡包裹着清甜，爆开的米花洁白莹润，番薯丝金黄纤细，色泽惊艳，无比养眼。白切鸡肉嫩骨香，皮爽肉滑，看似清淡，却鲜甜可口，蘸上砂姜、蒜蓉等调制的酱料，在慢慢的咀嚼中，美味在唇齿间缓然释放，这样的享受，如果不亲自体验，又怎能对得起一颗渴望美食的心呢？

清清爽爽的番薯丝

　　番薯丝粥，乍一看，似是上不得台面的粗食，确实，在旧时代的湛江，番薯就是果腹充饥的粗粮。可偏偏这些年，番薯丝粥却成了湛江当地人的心头好，不管是街边小摊，还是高级酒楼，一碗番薯丝粥俨然以食客新宠的面貌出现，让人惊讶之余又觉得理所当然。其实这不奇怪，番薯营养价值高，可减肥、可美容、可助消化，以番薯入粥，可健脾养胃，于健康多有裨益。番薯丝粥的时兴，说白了就是一种健康养生理念的流行。其实，就算不提番薯丝粥的养生作用，这一碗清清淡淡的粥和着香香甜甜的番薯丝，看着赏心悦目，吃着清清爽爽，不也是一件特别舒畅的事情吗？

　　说到美食，自然不能不提美名远扬的湛江鸡。湛江鸡与清远麻鸡、惠州三黄胡须鸡并称"广东省三大名鸡"，而湛江鸡更是三大名鸡之首。正宗的湛江鸡吃谷米和草长大，是名副其实的"走地鸡"。白切的湛江鸡外表金黄鲜亮，肉质甘香鲜美，无比"惹味"。这驰名省内外的湛江鸡，可白切、可盐焗、可做鸡煲，怎么吃都美味，怎么吃都不腻。当然，在追求原汁原味的湛江菜里，最常见的做法还是白切。到了湛江，这白切湛江鸡绝对是不可不尝的当地美食。由"中华老字号"口衣记酒楼出品、拥有80年历史的"湛江口衣记鸡"肉质香滑，鸡味香浓，配上特制的砂姜酱油，味道一流，是品尝湛江鸡不能错过的正确选择。

原汁原味湛江
白斩鸡

碳烤生蚝和清煮花蟹，来自海洋的味道

店　　名：大天然海鲜居
地　　址：湛江市赤坎区人民大道北 8 号
电　　话：0759–3207866
推荐指数：★★★★★

号称"中国海鲜美食之都"的湛江，如果没有了湛江生蚝的倩影，恐怕这个光环会黯淡很多。湛江生蚝肥美滑嫩、鲜甜可口，是当地最有特色的海鲜之一。传说，湛江产蚝历史悠久，早在西汉武帝时已经有了

历史悠久湛江蚝

鲜甜美味清蒸螃蟹

湛江生蚝的存在，甚至还有传闻，苏学士远谪海南，曾途经湛江，尝试过生蚝的滋味，并留下了深刻的印象。传闻增添了湛江生蚝的美誉，越发让人觉得这是一道非尝不可的美食。确实，到了湛江，不尝一尝生蚝的滋味，怕是白来了。在湛江，碳烤生蚝是吃蚝的首选，因为碳烤能最大限度地保留生蚝的鲜美，且因为是带壳碳烤，无形中便增加了吃蚝的"野趣"，倍有意思。吃蚝在湛江是寻常事，更是美事，如果寻了一大排档坐下来，点了碳烤生蚝，便可静静欣赏生蚝在炭火架上"吱吱"作响的诱惑，细细轻嗅随着炭火的温度提升而散发出来的美味香气。一会儿，蒜蓉、辣椒、香菜、盐等调制的调料和生蚝的鲜味浑然一体，则更让人坐立不安，巴望着一尝为快了。待生蚝上了桌，便可以慢慢品尝，奶白色的肥蚝入口无渣，调料去除了生蚝的异味，这会儿，除了"鲜美"二字，怕是再说不出其他赞美的词语来了。

　　清煮花蟹，也是湛江的特色吃法。所谓清煮，就是将螃蟹清洗干净之后下锅，但锅里不下水，只用慢火将螃蟹慢慢烤煮。等锅里的花蟹散发出香味，花蟹便可上桌了。这清煮花蟹，所追求的还是原汁原味，用最简单的烹饪方法调制出最难得的鲜美。湛江人的清煮法，可以说得上是最能还原海洋的味道了。不过，吃清煮花蟹的时候，还得有甜醋的调味，据当地人说，花蟹里有寄生菌，不怕加热，但遇醋即死。倒无从考究这说法的对错，可以肯定的是，清煮花蟹与甜醋的相遇，确实成全了味蕾的另一番体验。在湛江，能将清蒸做得很地道的海鲜食肆，自然不能不提海鲜老店大天然海鲜居，这里的清蒸系列深受食客欢迎。

　　夏天转眼过去，秋天就会悄然来临，吃花蟹的季节已经过去了一半，如果对肥美的生蚝和花蟹心生向往，那么，就动身吧，朝着"中国海鲜美食之都"的方向，走起！

炭烤生蚝

别看外表不美观，里面可是肥美的生蚝肉

湛江猪肠粉，寻常食物的不寻常风味

店　　名：好记肠粉王
地　　址：湛江市赤坎区百园路华盛家园 D 栋一楼
电　　话：0759-3176837
推荐指数：★★★★★

湛江猪肠粉是湛江当地人特别喜爱的小吃，理所当然就成了当地人早餐的首选，甚至是必选，可见湛江人对它"宠爱"有加。这"宠爱"当然是不无道理的，湛江猪肠粉以上好的米浆蒸制而成，具有"白""薄""滑"的特点。猪肠粉的"白"可说得上是"冰清玉洁"，用"白如雪"来形容，再恰当不过。"薄"是猪肠粉的另一个显著特征，用"薄如纸"来形容它，一点都不过分，且它的外表油光发亮，极其容易勾起人们的食欲。至于"嫩"，自然就是指它的口感。"香滑细嫩"4 个字，足够概括它与舌尖的碰触而绽放的火花。如果单纯是"白""薄""嫩"，恐怕还不至于让人对它"牵肠挂肚"，湛江猪肠粉另一处让人念想的是它的蘸料。湛江猪肠粉的蘸料比较讲究，有咸甜酱、米酒醋、花生、芝麻、蒜蓉、

干煎大虾
酥脆诱人

猪肠粉清
新美味

还有辣酱、番茄酱等，食客可以根据自己的口味、喜好进行调和，直至让自己的味蕾满意为止。这样的美食和吃法，难道不是别具一格的吗？既然肠粉是湛江人的宠儿，故而找一个品尝肠粉的好去处一点都不难，比如好记肠粉王。好记肠粉王是湛江最具知名度的食店之一，以经营湛江传统饮食为己任，以肠粉等美食著称，且价格实惠，实在是品尝地道美食的好去处。

当然，除了肠粉，湛江还有许许多多其他的美食，比如对虾。湛江对虾的历史悠久，它鲜嫩甘美，营养丰富，是湛江人引以为傲的物产。湛江对虾可以白灼，可以干煎，吃法多样，味道鲜美至极，绝对对得起湛江"中国对虾之都"的美誉。

其实湛江猪肠粉也好，白灼、干煎对虾也罢，都不过就是湛江美食单上的冰山一角。湛江，真的是一个一路美景、一路美食的好地方。

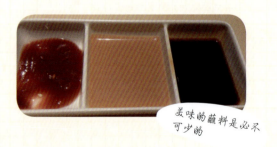

美味的蘸料是必不可少的

美食索引

图书在版编目（CIP）数据

寻味广东 / 林小蓉著. — 北京 ： 北京出版社，
2016.9
ISBN 978-7-200-12461-3

Ⅰ. ①寻… Ⅱ. ①林… Ⅲ. ①旅游指南—广东 Ⅳ.
①K928.965

中国版本图书馆 CIP 数据核字(2016)第207624号

寻味广东
XUNWEI GUANGDONG

林小蓉 著

*

北 京 出 版 集 团 公 司
北 京 出 版 社　出版
（北京北三环中路6号）
邮政编码：100120

网　　　　址：www.bph.com.cn
北 京 出 版 集 团 公 司 总 发 行
新 华 书 店 经 销
北 京 天 颖 印 刷 有 限 公 司 印刷

*

889毫米×1194毫米　32开本　7印张　150千字
2016年9月第1版　2016年9月第1次印刷
ISBN 978-7-200-12461-3
定价：39.80元
如有印装质量问题，由本社负责调换
质量监督电话：010-58572393